工业人工智能概论

韩英华　汪晋宽　张殿华　孙杰　赵强　著

電子工業出版社
Publishing House of Electronics Industry
北京 • BEIJING

内 容 简 介

本书以人工智能技术在工业中的应用为出发点，系统、深入地阐述了工业人工智能的关键技术，并给出了大量的应用案例。全书共 5 章，包括绪论、数据分析与数据挖掘工具、机器学习、深度学习和工业人工智能面临的挑战。

本书可作为相关专业的本科生及研究生学习工业人工智能的入门教材，也可作为专业技术人员了解工业人工智能的培训教材和参考书，还可作为对工业人工智能感兴趣的各界人士的普及性读物。

图书在版编目（CIP）数据

工业人工智能概论/韩英华等著. —北京：电子工业出版社，2019.12

ISBN 978-7-121-38162-1

Ⅰ. ①工… Ⅱ. ①韩… Ⅲ. ①人工智能－应用－制造工业－概论 Ⅳ. ①F407.4-39

中国版本图书馆 CIP 数据核字（2019）第 274514 号

策划编辑：张　楠
责任编辑：张　楠
印　　刷：北京盛通商印快线网络科技有限公司
装　　订：北京盛通商印快线网络科技有限公司
出版发行：电子工业出版社
　　　　　北京市海淀区万寿路 173 信箱　邮编：　100036
开　　本：720×1000　1/16　印张：10.25　字数：196.8 千字
版　　次：2019 年 12 月第 1 版
印　　次：2019 年 12 月第 1 次印刷
定　　价：56.00 元

凡所购买电子工业出版社图书有缺损问题，请向购买书店调换。若书店售缺，请与本社发行部联系，联系及邮购电话：（010）88254888，88258888。

质量投诉请发邮件至 zlts@phei.com.cn，盗版侵权举报请发邮件至 dbqq@phei.com.cn。

本书咨询联系方式：（010）88254579。

前言 Preface

人工智能的概念从1956年第一次被提出至今，历经数次起伏，已不再是一个新概念。随着深度学习神经网络取得突破性进展，人工智能再次迎来发展的黄金期。

如今，人工智能在社交、商业等领域的应用，已经产生了深远的影响和切实的价值。这些应用为人工智能在工业领域的落地所建立的基础，正在成为未来实现工业人工智能的潜力。当前，全球工业正处于向工业4.0阶段的转型期，以价值创造为目标和驱动力，为人工智能的发展与行业应用提供了合适的土壤。随着新一轮信息革命与产业变革的蓬勃兴起，工业智能化发展正在成为全球的关注重点。世界各国高度重视，积极出台相关战略、政策，促进人工智能在工业领域的应用、发展。

作者多年来一直从事自动化技术的研究工作，并致力于人工智能技术在工业中的应用研究，探索新一代人工智能技术在智能制造领域所发挥的作用。

在国家重点研发计划项目（扁平材全流程智能化制备关键技术，编号：2017YFB0304100）和国家自然科学基金重点项目（基于大规模数据驱动的轧钢过程故障诊断及自愈控制，编号：51634002）的资助下，作者将近几年对人工智能技术在工业应用的研究成果总结成册，目的是为工业人工智能的初学者提供入门教材，为技术专业人员提供有价值的参考和帮助，希望读者通过此书能够加深对工业人工智能的理解，了解工业人工智能的基本技术和方法，掌握一些工业人工智能实际应用的解决方案。

本书可作为相关专业的本科生及研究生学习工业人工智能的入门教材，

也可作为企业专业技术人员了解工业人工智能的培训教材和参考书，还可作为对工业人工智能感兴趣的各界人士的普及性读物。

本书在成稿过程中，参考了大量的国内外研究资料，在此一并表示感谢。书中如有不妥之处，希望读者批评指正。

作　者

2019 年 12 月

目录 Contents

第 1 章 绪论

1.1 人工智能的内涵及发展

人工智能作为一种广泛应用的工具，正在改变着各行各业的核心技术。随着人工智能的不断发展并逐渐趋于成熟，其行业应用受到世界各国的高度重视。

2017 年被称为新一代的人工智能元年。在此之后仿佛一切都在加速，人工智能领域的突破层出不穷，例如，根据医学影像诊断疾病、自动驾驶汽车、刷脸支付和无人超市等。人工智能技术“横冲直撞”，闯入甚至颠覆了许多商业领域，也成为企业新的“军备竞赛”场地。谷歌公司的 CEO 桑达尔・皮查伊将人工智能对人类的影响放在了高于火和电的位置上。麦肯锡全球研究院则针对人工智能给出了一个更具体的价值：仅将人工智能运用在营销、供应链管理、新销售方式和效率提升上，就能够在未来 20 年创造 2.7 万亿美元的经济价值。

人工智能技术在近几年爆发式的发展主要得益于大数据技术的发展和许多基础设施技术的不断完善。例如，大型的运算中心提供了更强的计算能力；传感器更加多样、廉价；信息通信技术的发展为数据的流通提供了更高速的通道；在互联网中每分钟以亿计的活动产生大量数据，为智能算法的训练提供了丰富的样本，而更加强大的芯片使得这些智能算法可以在任何硬件中实时处理和分析数据，再通过丰富的交互入口传递信息，从而完成各种活动……这些基础设施的不断完善正在使人工智能的使用成本大幅下降，进而使得人工智能能够以更低的门槛被更广泛的场景所接纳。

人工智能对人们生活方式和生产方式的影响，已经超过了人们的想象：在生活中，无处不在的摄像头记录着我们的一举一动；当我们进入一家商店时，素未谋面的售货员就可以通过人脸识别迅速获取我们的各类信息，进而有针对性地向我们推荐可能感兴趣的商品；在物流仓库，可穿戴式传感器可以追踪工人的手部动作，识别他们的工作效率并通过振动提醒那些潜在的偷懒者；在保密要求极高的半导体车间，管理者可以通过员工的工牌定位他们的移动路径，并自动识别那些有异常活动的员工，防止关键技术泄露。另外，在商业活动中，人工智能帮助商家更加了解他们的客户，进而做出更加准确的营销决策。例如，中国平安采用人脸识别技术，让用户在申请贷款时，通过视频回答有关收入和还款计划的问题，并通过监测其面部的微表情判断他们是否说谎，以此筛选出需要进一步审核的客户；人工智能可以为电话客服人员提供情绪引导服务，即通过识别客户的语速、语调和用词特征来识别客户的情绪是否恰当，并提醒他们在适当的时候表现出更多的同情心。

人工智能是一门认知科学，涵盖了图像处理、自然语言处理、机器人、机器学习等领域的深入研究。人工智能的研究，简单来说，就是通过智能的机器，延伸和增强人类在改造自然、治理社会的各项任务中的能力和效率，最终实现一个人与机器和谐共生、共存的社会。与人类几千年来创造的各种工具和机器不同，智能机器具有自主的感知、认知、决策、学习、执行和社会协作能力。当前人工智能涵盖很多学科，可归纳为 6 个：

- 计算机视觉（暂时把模式识别、图像处理等问题归入其中）。
- 自然语言理解与交流（暂时把语音识别、合成归入其中，包括对话）。
- 认知与推理（包含各种物理和社会常识）。
- 机器人学（包含机械、控制、设计、运动规划、任务规划等）。

- 博弈与伦理（包含多代理人的交互、对抗与合作，以及机器人与社会融合等）。
- 机器学习（包含各种统计的建模工具、分析工具和计算方法等）。

在数据、运算能力、算法模型、多元应用的共同驱动下，人工智能的应用范围逐渐从执行特定工作的狭义人工智能，向能胜任某一场景下开放性问题的广义人工智能演进。人工智能技术更为密切地融入人类的生产、生活中，与人的关系从辅助性工具进化为协同、互动的助手和伙伴。

人工智能技术的演进方式如下。

- 从基于 CPU 架构的独立运算转变为基于 GPU 架构的并行运算，再转变为基于 TPU 架构的面向特定算法的优化运算。
- 从依赖算法突破的单一驱动，转变为在数据、运算力、算法、商业化应用场景下的复合驱动。
- 从封闭的单机系统转变为快捷、灵活的开源框架。例如，以往的专家系统基于本地化知识进行设计开发，以推理机和知识库为中心展开。其中，推理机的设计由不同专家系统的应用环境决定，单独设定模型函数与运算机制，一般不具备通用性；知识库是开发者手动录入的专家分析模型与案例的资源合集，只能在单机系统环境下使用，并且无法连接网络。人工智能的开源框架具有通用性高，以及即插即用的特性。
- 从以学术研究、探索为导向转变为以快速迭代的商业化应用为导向。

在人工智能的发展历程中，也曾经历数次起伏：1956 年，达特茅斯会议召开，确定用“人工智能”一词表示机器模仿人类学习及其他方面的智能；1973 年，由于在人工智能方向的研究投入没有取得预期的进展和回报，美国政府决定大幅削减人工智能领域的研究资金，以《莱特希尔报告》的推出为代表，象征着人工智能正式进入寒冬，之后的十年间，人工智能鲜有人提起；进入 20 世纪 80 年代，由于专家系统和贝叶斯定理在人工智能领域崭露头角，人工智能再次迎来新的高潮，随后人们开始意识到人工智能的发展停滞不光是由硬件引起的，更是由软件及算法层面没有突破造成的；从 20 世纪 90 年代后期开始直到现在，由于计算机的运算能力不断提高，人工智能再次进入人们的视野，代表性事件包括 IBM 深蓝计算机击败人类国际象棋冠军，以及以数据挖掘和推荐系统为主要代表的商务智能应用开始真正为企业创造价值。

最近一次的人工智能高潮来临，应该归功于深度学习神经网络的突破性进展和成功应用。2012 年，Geoffrey Hinton 团队在 ImageNet 竞赛上首次使用深度学习技术，并完胜其他团队，让人们意识到深度学习相比于传统机器学习的优势，从而让深度学习重新回到主流技术舞台。与此同时，以图形计算为代表的 GPU，在计算机视觉训练中替代原来的 CPU，大大提升了计算性能，让原来需要几个月才能完成的训练缩短到几天甚至几个小时，加快了计算机视觉前期训练和推理的迭代周期，带来效率上的成倍提升。当硬件、算法、大数据这三个因素在各个领域的突破都达到一定程度时，自然就带来了人工智能的大爆发。2016 年 3 月，谷歌 AlphaGo 机器人以 4:1 击败韩国著名围棋棋手李世石，就是硬件、算法、大数据结合的典型事件。人工智能不再高高在上和遥不可及，从此进入大众的视野。

如今，人工智能在社交、商业等领域的应用，已经产生了深远的影响和切实的价值。这些应用为人工智能在工业领域的落地所建立的基础，正在成为未来实现工业人工智能的潜力。当前，全球工业正处于向工业 4.0 阶段的转型期，以价值创造为目标和驱动力，为人工智能的发展与行业应用提供了合适的土壤：一方面，设备的智能化、传感技术、通信技术、信息与控制技术等方面的快速发展正在为工业系统提供大数据环境和计算基础；另一方面，工业互联网的发展正在推动设备、人与服务的连接，产生更多具有商业价值的新场景。

1.2 工业人工智能的内涵及发展

1.2.1 工业人工智能的发展背景

随着新一轮信息革命与产业变革的蓬勃兴起，工业的智能化发展正在成为全球的关注重点。世界主要发达国家及组织高度重视，积极出台相关战略、政策，促进人工智能在生产制造及工业领域的应用、发展：美国于 2016 年 10 月和 2018 年 10 月陆续发布了《国家人工智能研究和发展战略规划》《美国先进制造领导力的战略报告》，重点提及了产品全生命周期优化、先进机器人发展、大数据挖掘、制造系统网络安全等内容；日本从 2015 年起，陆续发布了 4 份与工业人工智能相关的政策文件，包括《新机器人战略》《2015 年制造业白皮书》《日本高级综合智能平台计划（AIP）》《人工智能产业化路线图》，聚焦于先进机器人及大数据挖掘领域，推动设备故障智能预测系统的发展；欧盟于 2016 年 5 月发布了《数字化工业战略》，重点关注先进机器人和工业自治系统的研发。

我国政府双侧发力，推动人工智能与制造业的融合发展：一方面，积极推动人工智能技术为制造业的发展注入新动力，例如，在《智能制造发展规划（2016-2020 年）》《国务院关于积极推进“互联网+”行动的指导意见》《国务院关于深化“互联网+先进制造业”发展工业互联网的指导意见》《增强制造业核心竞争力三年行动计划》等 20 个政策文件中，均强调推动人工智能等技术在工业制造领域的应用与融合；另一方面，将制造业作为人工智能落地的重点行业，例如，在《互联网+人工智能三年行动实施方案》《新一代人工智能发展规划》《促进新一代人工智能产业发展三年行动计划》等 10 余个文件中，均提出将制造业作为开展人工智能应用试点示范的重要领域之一。同时，辽宁、四川、河南等地纷纷出台相关文件，推动人工智能等新一代技术与实体经济或制造业融合。

制造业的智能化升级需求是工业人工智能发展的根本驱动力。制造业升级的最终目的，是从数字化、网络化转型，最终实现智能化。当前制造业正处在由数字化、网络化向智能化发展的重要阶段，核心是要实现基于海量工业数据的全面感知，以及通过端到端的数据深度集成、建模分析，实现智能化决策与控制指令。工业人工智能提高了制造企业的数据洞察能力，实现了智能化管理和控制，是企业转型升级的有效手段，也是打通智能制造最后一公里的关键环节。

人工智能技术的逐步发展与完善，从两方面推动了工业人工智能的快速发展。

- 一方面，人工智能技术实现纵向升级，为工业人工智能的落地应用奠定了基础：算法、算力和数据的爆发推动人工智能技术不断迈向更高层次，使得采用多种路径解决复杂工业问题成为可能；传感技术的发展、传感器产品的规模化应用，以及采集过程中自动化水平的不断提升，使得海量工业数据得以快速积累；工业网络技术的发展保证了数据传输的高效性、实时性与高可靠性；云服务为数据管理和计算能力外包提供了有效途径。
- 另一方面，人工智能技术实现横向融合，为面向各类应用场景形成智能化解决方案奠定了基础。

人工智能具有显著的溢出效应，泛在化人工智能的产业体系正在快速成型，工业是其涵盖的重点领域之一。

1.2.2 工业人工智能的发展历程

工业人工智能是工业领域中由计算机实现的智能，具有自感知、自学习、自执行、自决策、自适应等特征。工业人工智能承载于实体与系统，即在工业领域应用的人工智能技术，可通过不断丰富和迭代自身的分析和决策能力，适应变幻不定的工业环境，并完成多样化的工业任务，最终达到提升企业洞察力、提高生产效率或产品性能的目的。

工业迈向智能化需要经历 5 个阶段。

- 第 1 阶段：全员生产系统（TPS）的 5S 标准与持续改善（全员实践）。全员实践最早由日本提出和推广，其核心内容为“改善”，即每天做好整理、整顿、清扫、清洁，以及整体标准化、持续化的改善，主要使用的工具是 PDCA 循环（Plan、Do、Check、Action）。
- 第 2 阶段：精益制造系统与六西格玛管理体系（以数据为标准的管理体系）。这个阶段强调的是如何围绕测量与统计技术，构建以数据为标准的管理体系。

- 第 3 阶段：以数据为驱动的预测性建模分析（隐性问题显性化）。这个阶段是指从 2000 年开始，美国正在做的转型工作，即解决数据层到信息层，再到决策层的闭环问题。
- 第 4 阶段：以预测为基础的资源有效性运营（包括与决策优化密切相关的知识系统）。知识系统的形式很多，过去的主要形式是专家系统、物理模型、统计模型和指标体系；而现在借助智能算法和大数据，可以构建变量更加庞大、关系更加复杂的知识系统。构建这些知识系统的目的是实现对未来态势和不可预测变量的精准预测，进而给出更加优化和及时的决策。
- 第 5 阶段：信息物理系统（包括知识的产生、规模化利用和传承）。这是工业人工智能发展的最高阶段，这个阶段的工业系统可以在“感知→分析→预测→决策→执行→反馈”的闭环中，自主获取新的知识，从而进一步优化知识系统和决策系统，实现知识的产生、利用和传承的自主化。

1.2.3　工业人工智能与传统人工智能的区别

工业人工智能与传统人工智能的主要区别在于：

- 传统人工智能是一种试错调整的认知科学，主要包括自然语言处理、机器视觉、认知与推理、博弈与伦理、机器学习和机器人学等，适用于社交、医疗、商业等众多领域。
- 工业人工智能是利用人工智能技术有效解决工业问题的系统工程，可应用工业人工智能把生产过程、调控、参数分析和运营决策等变成一个学习的过程。工业人工智能专注于开发、验证和部署各种不同的机器学习算法，以实现具备可持续性的工业应用。人工智能与工业物联网、大数据分析、云计算、信息物理系统的集成，将使工业以灵活、高效和节能的方式运行。工业人工智能的应用方向聚焦在交通运输、能源、生产设备及自动化等制造业。工业人工智能将作为一种系统化的方法和规则为工业应用提供新的解决方案。

1.3 工业人工智能的算法功能和典型应用

1. 工业人工智能的算法功能

按照任务类型对工业人工智能的算法进行划分，可以将其分为以下几个功能。

- 分类（Classification），即根据一组训练数据，将新输入的数据进行分类，主要任务为识别特定物理对象（如生产线上接受质检的产品）的图形。
- 连续评估（Continuous Estimation），即根据训练数据，评估新输入数据的序列值，常见于预测型任务。例如，根据各种维度的数据预测备件需求、根据过程参数预测产品质量等。
- 聚类（Clustering），即根据任务数据（如基于个人数据的消费偏好）创建系统的单个类别。
- 运筹优化（Operation Optimization），即系统根据任务产生一组输出，该输出为针对特定目标的函数优化结果。例如，排产优化、排程优化、选址优化、无人车调度优化等。
- 异常检测（Anomaly Detection），即根据训练数据及历史相关性，判断输入数据是否异常。从本质上讲，可以认为此应用是分类功能的子范畴。例如，多变量异常检测、设备健康预警、网络入侵识别等。
- 诊断（Diagnositics），常见于信息检索和异常诊断问题，即基于检索需求，按照某种排序标准呈现结果。例如，提供产品购买推荐、出现残次品时的异常排查推荐等。
- 决策建议（Recommendations），即根据训练数据，针对某一个活动目标提供建议，如维修计划建议。
- 预诊断（Prognostics），即通过连续评估设备参数，对未来可能发生的异常进行预测，包括发生的时间、故障模式和影响等。
- 参数优化（Parameter Optimization），即通过建立多个控制参数之间的相关性模型和对优化目标的影响方程，结合优化算法对多个控制参数的组合进行动态优化。例如，锅炉燃烧优化、热处理工艺的参数优化等。

2. 工业人工智能的典型应用

(1) 设备的预测性维护

由于以往缺乏有效的方法来预测设备的失效时间，因此设备的维护者、运营者经常面临一个两难的抉择：一，冒着发生故障停机的风险，使其使用时间最大化；二，提前更换正常部件，以便保障设备运行的最大可靠性。Deloitle公司在2018年发布的名为《预测性维护与智能工厂》的报告中指出：不合理的维护策略会导致工厂的产能降低5%～20%；工厂由于意外停机造成的损失高达500亿美元/年。

传统系统已经能够对传感器的时序数据（包括检测温度、振动状态等）进行分析，并实现异常检测和预测性维护（对组件的剩余使用寿命做出预测）。而深度学习将这个功能带到了一个全新的高度：可以对数据分层，并对海量的、高维度的、包含图像和音频等各种形式的传感器数据进行分析，一些原来不适用的低质量数据也能被利用起来，并通过人工智能的方式拟合设备运行过程中的复杂非线性关系，从而提升预测的准确率，减少成本与故障率。基于人工智能技术的预测性维护（远程故障诊断技术），可以帮助企业减少停机时间、制订有计划的干预措施、提高产量、降低经营成本。

(2) 对生产过程进行质量控制

在制造业中，产品质量受到生产过程中众多变动因素的影响，通常具有相关性。一般来说，工程师难以依靠本身的专业知识或经验，迅速且有效地找出真正导致产品质量异常的原因，以及可能隐藏的信息，进而迅速处理事故问题。即使工程师能够根据经验来推算引发问题的可能因素，但依然无法确认问题产生的真正原因，这包含了较高的不稳定性和较低的准确性。为了解决这些问题，机器学习技术和统计方法被普遍使用在生产数据的分析过程中，从而提供改善产品质量的方向。通过相关的算法工具找出与质量相关的关键参数，从而厘清产品质量与变量之间的关系，并协助改善生产流程、提升产品质量。例如，由于光伏电池的生产需要经历表面制绒、扩散制结、腐蚀、清洗、镀膜、丝网印刷、测试分选等多道工艺环节，数千种维度的数据影响着电池片的成型，因此，阿里云 ET 工业大脑首先采集车间设备、人员、工艺、质量等海量数据，然后通过人工智能算法，对所有的关键数据进行深度学习、分析，从而构建大数据模型，精准分析出与产品质量相关的关键参数，对生产过程进行质量控制。

（3）基于机器视觉的缺陷检测

机器视觉技术是计算机模拟人类视觉，获取并理解事物的过程。随着机器视觉技术的发展，计算机在无人驾驶、人脸识别、视觉导航定位、光学字符识别等领域，可以替代人眼完成检测判断。机器视觉技术在工业中的应用越来越多。与人脸识别相比，工业对机器视觉识别的要求是准确率更高、速度更快、对细节的可辨识性更强。例如，在金属材质表面的缺陷检测过程中，由于工业现场光线的亮度多变、金属材质表面的纹理特征复杂、表面缺陷的形态多样、缺陷图像的灰度分布不均、因缺陷与背景颜色相近而难以区分等，使得通过传统的机器视觉技术完成缺陷检测任务极为困难。而基于深度学习的机器视觉技术，可以对金属材质表面的细微划痕进行区分，并通过自学习实现对划痕的提取，避免了复杂纹理、光照不均和背景噪点等因素对划痕提取的干扰。

（4）面向小批量、多批次产品的多工厂智能排产

在工业场景中，无论在工厂内的生产线，还是生产全流程的运营，都非常注重流程和执行的协同。传统企业的生产计划内容相对单一，订单交期相对固定，不会经常发生改变，因此，传统生产计划的制订，主要依靠计划员的经验。但随着大型生产制造企业的生产需求不断扩张，受到材料、产能的双重约束，对于计划员来说，顺利排出一份合理的生产计划的难度逐渐增大。而计划调整可能需要多个部门同时配合，也可能需要与外部人员反复沟通，甚至可能需要各个工厂的生产执行部门针对产能分配问题进行多次协商。

随着生产系统越来越复杂、生产流程中的任务和参与者不断增多、产品种类不断加大、产品的柔性化定制程度不断提升，很多企业在制订生产计划时不

得不进行更加科学的考虑。尤其是许多传统大规模生产的行业，都在向拉动型生产和柔性制造转变，小批量、多批次订单成为主流，甚至经常出现插单和变更需求的情况，这就使得生产计划和协同调度变得难上加难。如果将这个问题从单个工厂扩展到多个工厂，使生产订单能够在多个工厂之间流转，并用同一个供应链满足多个工厂的需求，那问题的难度又会提升一个量级。因此，面向小批量、多批次产品的多工厂智能排产，成为工业人工智能的用武之地。

1.4 工业人工智能的知识体系

基于机器学习的工业人工智能包括众多的基础理论、重要的成果、算法和应用领域等。工业人工智能的知识体系可划分为问题求解、学习与发现、感知与理解、系统与建造等，如表 1.1 所示。

表 1.1 工业人工智能的知识体系

知识单元	相关学科	理论基础	描述	成果及算法
问题求解	优化搜索	智能计算等	以计算的方式进行求解	遗传算法、粒子群算法等
学习与发现	机器学习	连接学习等	通过调节网络内部权值，使输出呈现规律性	BP 算法、Hopfield 神经网络
		统计学习等	将学习性与计算复杂性相联系	支持向量机算法
	知识发现、数据挖掘	机器学习、智能计算等	利用搜索的方法从数据库或数据集中发现知识或模式	分类、聚类、关联规则、序列模式等
感知与理解	模式识别	机器学习等	通过提取对象特征，可令机器学习输出分类知识，对待识别模式进行类别判断	通过模式、判别函数、统计、神经网络等方法，识别指纹、人脸、语音及文字等
	自然语言处理	知识表达、推理方法等	通过关键字匹配、句法分析、语义分析等方法进行理解	机器翻译、语音识别程序等
	机器视觉	图像处理、模式识别、机器学习等	由低层视觉提取对象特征，通过机器学习理解视觉对象	机器人装配、数字孪生等
系统与建造	专家系统	认知与推理等	将专家知识放入知识库，由推理机对用户的提问进行推理和解释	基于规则或基于模型的相关算法

1.5 工业人工智能的关键技术

工业人工智能需要满足各种工业制造场景，如嵌入式人工智能设备、柔性制造系统、能量管理系统、弹性工厂、自我维护系统等，并具有自感知、自学习、自执行、自决策及自适应等特征。其中，自适应指的是系统在发生设备故障或出错时，是否能够削减或吸收干扰事件的影响，并迅速恢复正常的工作状态，也就是系统发生严重干扰时的承受能力。除此之外，还需要解决多数据源、专家知识因不同机器的差异造成的区域复杂度，以及数据质量问题，从而避免因低质量的数据或不足的专家知识影响模型。因此，工业人工智能的关键技术包括数据技术、分析技术、平台技术和人机交互技术。

1. 数据技术

该技术主要解决了工业数据中存在的碎片化、质量差和隐藏的背景相关性强等问题。除了要实现异源数据的统一采集之外，还需要做到对有效数据的自动提炼，以及提升建模数据采集的标准化程度。另外，在对数据进行管理时，还需要注重解决数据语境的同步问题。例如，在一条产品线中，末端产品的质量数据需要与产品在有工序加工时的设备参数对应起来，所以必须提升数据的全面性和代表性。

2. 分析技术

在积累了大量有效的工业数据的基础上，还需要通过分析从数据中获得价值。机器学习是实现数据分析的关键技术。根据所获取的数据是否带有标签，可以将机器学习算法分为有监督学习和无监督学习。

- 有监督学习是指在模型训练过程中，输入的数据包含输入对象及其期望值。根据训练，有监督学习旨在寻找输入对象和期望值之间的关系，并产生一个具有推断预测功能的数学模型，用于映射新的输入对象。
- 无监督学习中的训练数据并不包含标签。学习的过程并非寻找输入对象和期望值的关系，而是对输入对象中的模式进行识别。

进入工业大数据时代后，深度学习技术在语音、图像等复杂对象的应用中，取得了比传统机器学习技术更好的效果。深度学习是“很多层”的神经网络，通过组合低层特征，利用更加抽象的高层表示属性或特征，以便从大的数据样本中发现分布式特征，并用简单模型完成复杂的分类任务。

3. 平台技术

在工业计算平台中，一方面需要通过硬件技术的突破来提升信号采集和计算的能力；另一方面也需要拓展平台的协同控制能力，从而支撑设备集群、生产线的自组织和自配置。随着工业计算平台的广泛互联，其网络安全性变得越来越重要，尤其是在边缘端平台的反馈控制实现后，需要通过硬件架构和相应的软件机制，确保被接入制造系统的安全。对于云端平台，则需要关注搭建模型全生命周期的组件、辅助模型的不确定性管理、工业人工智能的持续自学习等方面的内容。

4. 人机交互技术

工业人工智能将在很大程度上影响制造系统与人的交互方式。可以预想的是，在未来的工厂中，每时每刻需要处理的信息量会大大增加，如何帮助生产者通过最直接的方式，获得最有效、最相关的信息将成为一个极大的挑战。因此，需要结合创新技术对工业场景的人机交互模式进行深入探索。例如，智能助手在工厂进行能源调度时，对各类人员的智能提醒，以及虚拟现实/增强现实在设备远程诊断中的辅助等。人机交互技术将帮助工业人工智能更好地融入生产， 更大程度地对生产者赋能。

第 2 章

数据分析与数据挖掘工具

从本质上讲，数据分析与数据挖掘是工业人工智能的基础。它的主要目的是从各种各样的数据来源中提取出有用的信息，并将这些信息合并，进而得到一些有效的模式和内在关系。这就意味着：数据分析不是一种用来证明假说的方法，而是用来构建各种各样的假说的方法，并可从大量的数据中寻找数据特性。

在工业领域，主要通过传感器等物联网设备进行数据采集、数据传输。工业人工智能的本质就是通过大数据和机器学习等技术手段实现生产数据中逻辑关系和知识的实时提取，并形成决策和行动，实现从解决可见问题到避免不可见问题的转变，以及工业制造知识的传承。

在大数据背景下，进行复杂工业生产系统的数据分析有两个主要的难点：

- 第一，由于生产规模庞大、传感器设置密集，导致参数数量过多且关系复杂，难以保证基于模型驱动和基于经验的传统专家系统在研究相关问题时的可靠性。
- 第二，大量的连续测量导致每个参数都会形成较长的时间序列。即使我们只截取其中的数千个参数，依然会对数据分析方法的效率产生较大影响。

以高炉炼铁为例，以前高炉就像一间封闭的“黑屋子”，高炉工作人员看不到里面的情况。高炉的运行状态时常出现波动，甚至发生生产事故。长期以来，由于不能直接观察到高炉内部的气流变化、料面分布、溜槽运行等状况，高炉工作人员只能凭借多年积累的经验，估计高炉内部的运行情况，并进行原料生产。现在，可借助数据分析与数据挖掘工具，集成众多基于高炉冶炼机理的数据分析模型，通过对高炉中的各类数据进行采集、传输、累积，以及多元变量计算，为高炉工作人员提供安全预警、物料及能量利用、冶炼工艺、生产管理、自主学习等实用功能。高炉的各项运行参数和影像在计算机屏幕上清晰可见，可实现定量化、精细化、标准化生产。

2.1　工业大数据的特点

互联网和商业等环境中的大数据具有 4V 特性，即 Volume（数据量大）、Velocity（流动速度快）、Veracity（准确率高）和 Variety（来源多样）。工业大数据是在工业领域的信息化应用中产生的数据，具体可用 3B 和 3C 描述：3B（Bad Quality、Broken、Below the Surface）是工业大数据应用面临的挑战；3C（Comparison、Correlation、Consequence）则是工业大数据分析的目的。

- Bad Quality：在工业大数据中，数据质量一直是许多企业面临的挑战，这主要受工业环境中数据获取手段所限，包括传感器、数据采集硬件模块、通信协议和组态软件等多种技术限制。
- Broken：工业对于数据的要求并不仅仅在于量的大小，更在于数据的全面性。在利用大数据建模的方法解决问题时，需要获取与被分析对象相关的参数，而一些关键参数的确会使分析过程碎片化。例如，在某个参数缺失时，可能无法建立完整的性能评估和预测模型。
- Below the Surface：除了应对数据反映出来的表面统计特征进行分析外，还应关注数据中隐藏的相关性。对这些隐藏的相关性进行分析和挖掘时，需要一些具有参考性的数据进行对照，也就是数据科学中所称的“贴标签”过程。这一类数据包括工况设定、维护记录、任务信息等。虽然数据量不大，但却能在数据分析中起到至关重要的作用。
- Comparison（比较性）：从比较过程中获取信息，包括比较相似性和差异性。比较的维度可以是在时间维度上与自身状态的比较，也可以是在集群维度上与其他个体的比较。这种比较分析能够帮助我们将庞大的个体信息进行分类，为进一步寻找相似中的普适性规律和差异中的因果关系奠定基础。

- Correlation（相关性）：对相关性的挖掘是形成记忆和知识的基础。简单地将信息存储下来并不能称之为记忆，通过信息之间的关联性对信息进行管理和启发式的联想才是记忆的本质。这种记忆式的信息管理方式，在工业人工智能中是一种灵活、高效的数据管理方式。
- Consequence（因果性）：数据分析的重要目的是进行决策支持。在制订特定的决策时，其所带来的结果和影响应该被同等地分析和预测。这是以往控制系统不具备的特性，也是工业人工智能的本质。工业系统中的大部分活动都具有很强的目的性，即把目标精度最大化。

工业大数据基于工业数据，运用先进的数据技术，贯穿于工业的设计、工艺、生产、管理、服务等各个环节，使工业系统具备描述、诊断、预测、决策、控制等智能化功能的模式和结果。

与互联网大数据相比，工业大数据具有多源性获取、数据高度相关、持续采集等特点，具体说明如下。

- 多源性获取。数据的来源广泛且分散：有的是产品制造现场的监控数据；有的是互联网客户、供应商的数据；有的是企业内网的经营管理数据……海量、异构、多源、多类的数据难以有效集成，语义描述困难，较难实现面向产品全生命周期的数据协同管理。
- 数据高度相关。数据的产生、运用遍及产品的整个生命周期和企业的主要价值链，数据之间的相关性较强。
- 持续采集。有些数据来源于工控网络和传感设备，具有实时性强、连续性强、稳定性高等特点，需要利用可靠的数据采集、存储工具进行管理。另外，涉及国计民生领域的数据，还要求整个采集平台安全、可控，具有实时性要求高、动态控制困难、量化难度大等特点。

2.2　工业大数据挖掘的定义及过程

工业大数据挖掘（这里简称为数据挖掘）是从大量的、不完全的、有噪声的、模糊的、随机的数据中，提取蕴藏在其中的、事先未知的、具有潜在价值的事件信息和知识的过程。与数据挖掘接近的概念包括数据融合、分析及决策支撑等。数据挖掘常常涉及不同学科的相互渗透，从简单的统计分析，演变成从数据中挖掘信息知识，找出蕴藏的事件信息，并提供决策支持。

数据挖掘可指定挖掘任务的类型。一般而言，挖掘任务可以分为两类：描述性挖掘任务主要刻画目标数据的一般性质；预测性挖掘任务会在当前数据的基础上进行归纳，以便做出预测。

虽然数据是一种工业人工智能应用的最重要生产要素，但在工业生产过程中获取的数据具有数量多、质量差等特点，给数据挖掘带来了很多困难。工业数据挖掘的过程一般由 5 个具体步骤组成：数据准备、数据选择、数据预处理、构建数据挖掘模型、模型评估。

1．数据准备

数据准备是数据挖掘的基础，在正式开始数据挖掘之前，首先要明确的是本次数据挖掘的数据对象，以及挖掘目标；然后，根据挖掘目标确定任务所需要的数据，以及合适的数据源，从各种数据源中抽取相关数据；最后，进行数据集成，即对从不同数据源中提取的数据进行格式变换等整合，并存放到同一数据库中，为后续的数据挖掘提供尽可能全面的数据支持。

2．数据选择

通常情况下，针对特定目标（如异常用电行为）的数据挖掘并不会用到一个用户的所有数据，必然存在一些与目标无关的数据。因此，不加选择地全部利用，不仅会造成时间和精力的浪费，而且还有可能影响到挖掘效果。从集成后的数据库中对与挖掘目标相关的数据集进行有选择地提取，可减轻数据挖掘的工作量，提高数据挖掘的准确性和目标性。

3. 数据预处理

有时，系统中存放的数据会呈现出一定的问题，如缺失、重复、冗余、歧义等，这些都需要进行清洗或者整理，以达到数据挖掘需要的质量要求。根据具体挖掘方法的不同需要，有时会采用数据变换、指标构造的方法来对数据进行预处理，使数据更符合构建模型的要求。

4. 构建数据挖掘模型

对于不同的数据挖掘任务，将采用不同的数据挖掘算法，进而构建不同的数据挖掘模型，最终挖掘到不同类型的信息。同时，对于同一个数据挖掘任务，也可能会用到多种数据挖掘算法。最终选定的算法需要综合考虑待处理数据的特性、算法原理和实现机制，以及数据分析人员对算法的熟悉程度等因素。在实际应用中，通常在同一个数据集上，应用多种数据挖掘算法，并通过对多个模型进行比较和选择，最终确定在当前数据集上效果最好的模型。

5. 模型评估

模型评估的重点是看模型的输出结果与目标中的挖掘效果是否相符，以及符合度有多高。除此之外，对模型的考察还包括以下几个方面：模型的分类准确度、执行速度、能够高效处理的数据量范围、不同模型间的比较等。常用的模型评估方法有可视化方法、混淆矩阵、ROC 曲线等。

2.3 工业数据的特征分析

2.3.1 工业数据的统计描述

在工业数据收集完成后，研究人员需要选择适当的数据分析方法（通常包括集中趋势和离中趋势两个方面）进行统计分析。注意：反映平均水平的指标是对个体集中趋势的度量，使用最广泛的是均值、中位数、众数等；反映变异程度的指标则是对个体离开平均水平的度量（离中趋势），使用较广泛的是极差、标准差、方差、变异系数、四分位数间距等。

1. 集中趋势

（1）均值

均值是一组数据的集中趋势统计量，用来表明数据中各观测值相对集中的中心位置。但它不适用于对严重偏态分布的变量进行描述。只有在单个数据集和基本对称的分布资料中，才适合使用均值作为集中趋势描述的统计量。在工业生产实践和科学研究中，均值常被用来描述或比较各种技术措施的应用效果，以及机器生产的某些指标，计算公式如下。

$$A_n = \frac{a_1 + a_2 + a_3 + \cdots + a_n}{n} \tag{2.1}$$

（2）中位数

中位数是指将全体数据按大小顺序排列，在整个数列中处于中间位置的那个值，即在这组数据中，有一半的数据比它大，还有一半的数据比它小。中位数是以所处位置确定的代表值，不受分布数列的极大值或极小值影响，从而在一定程度上提高了中位数对分布数列的代表性。但是，对于一些离散型变量的单个数据集来说，考虑到工业数据的特点，中位数的代表性还会受到不同程度的影响。

（3）众数

众数是指样本观测值在频数分布表中频数最多的那一组的组中值，主要应用于大面积普查研究中。

2. 离中趋势

（1）极差

极差是一种最直接，也是最简单的评价数据离散度的方法，即最大值和最小值。这一方法在日常生活中最为常见。例如，在比赛中去掉一个最高分和一个最低分就是极差的具体应用。

（2）标准差和方差

标准差和方差用于表示组内个体间的离散程度。标准差是一种对数据均值分散程度的度量：一个较大的标准差，代表大部分数值和其均值之间的差异较大；一个较小的标准差，代表这些数值比较接近均值。由于方差和标准差的计算需要用到每个变量值，所以它们都会受到极端值的影响，当数据有较明显的极端值时不宜使用。

（3）变异系数

当需要比较两组数据的离散程度大小时，如果两组数据的测量尺度相差太大，或者数据的量纲不同，则不宜直接使用标准差进行比较。此时应当消除测量尺度和量纲的影响，采用变异系数（CV）来计算。变异系数用于度量标准差相对于均值的离中趋势，计算公式为

$$\mathrm{CV}=\frac{s}{\bar{x}}\times 100\% \tag{2.2}$$

式中，s 为标准差；$\bar{x}$ 为均值。变异系数主要用来比较两个或多个具有不同单位或不同波动幅度的数据集的离中趋势。

（4）四分位数间距

四分位数包括上四分位数和下四分位数：将所有数据由小到大排列，通过三个数值将其分为四等份，处于第一个分割点位置的数值是下四分位数；处于第二个分割点位置的数值是中位数；处于第三个分割点位置的数值是上四分位数。四分位数间距是上四分位数与下四分位数之差，其间包含了全部观察值的一半。其值越大，说明数据的变异程度越大；反之，说明数据的变异程度越小。

2.3.2 工业数据的相关性分析

工业生产参数是通过各种传感测量设备获得的连续测量数据。这些数据以时间为轴，以时间序列的形式被存储在记忆设备中。因此，在工业生产过程中测得的数据是平稳有序的。从理论上讲，在历史数据中截取长度足够的数据就可以很好地提取生产过程中参数间存在的因果关系。复杂工业系统的参数种类

繁多，分析参数之间的关联强弱并用适当的统计指标表示出来的过程称为相关性分析。常用的工业数据的相关性分析方法有直接绘制散点图、绘制散点图矩阵和计算相关系数等。

1．直接绘制散点图

判断两个变量是否具有线性相关关系的最直观方法是直接绘制散点图，可由散点图中横坐标和纵坐标的关系进行判断：完全正线性相关、完全负线性相关、正线性相关、负线性相关、非线性相关和不相关。

2．绘制散点图矩阵

在需要同时分析多个变量间的相关关系时，一一绘制散点图比较麻烦，可利用绘制散点图矩阵发现多个变量间的主要相关性。

3．计算相关系数

为了更加准确地描述变量之间的线性相关程度，可以利用相关系数进行相关分析。常用的相关系数有欧几里得距离、余弦相似度和皮尔逊相关系数等。

（1）欧几里得距离

欧几里得距离是 n 维数据点之间的物理距离，或者向量的自然长度，即两点之间的实际距离。欧几里得距离（n 维空间）的计算公式如下：

$$d(x,y)=\sqrt{(x_1-y_1)^2+(x_2-y_2)^2+\cdots+(x_n-y_n)^2}=\sqrt{\sum_{i=1}^{n}(x_i-y_i)^2} \qquad (2.3)$$

（2）余弦相似度

余弦相似度是利用两个数据点的夹角余弦值代表它们之间的相似性。其余弦值介于−1 与 1 之间：余弦值 1 表示 0°夹角；余弦值−1 表示 180°夹角。可以利用两个数据点间的余弦值表示它们是否具有相同方向。其结果与向量的长度无关，仅与向量的指向方向相关。两个向量间的余弦值可以使用欧几里得点积公式求出：

$$\cos(\theta)=\frac{\boldsymbol{X}\cdot\boldsymbol{Y}}{\|\boldsymbol{X}\|\times\|\boldsymbol{Y}\|}=\frac{\sum_{i=1}^{n}x_i\times y_i}{\sqrt{\sum_{i=1}^{n}(x_i)^2}\times\sqrt{\sum_{i=1}^{n}(y_i)^2}} \tag{2.4}$$

式中，$\boldsymbol{X}$和$\boldsymbol{Y}$是两个向量；x_i、y_i分别代表向量$\boldsymbol{X}$和$\boldsymbol{Y}$的各分量；$\|\boldsymbol{X}\|$表示向量$\boldsymbol{X}$的实际长度；$\|\boldsymbol{Y}\|$表示向量$\boldsymbol{Y}$的实际长度。注意：余弦值0表示两个向量呈90°夹角（正交），不相关；余弦值越接近1，表示向量之间的相关性越大；余弦值−1表示两个向量呈180°夹角（负相关）。

（3）皮尔逊相关系数

皮尔逊相关系数是通过计算两个向量$\boldsymbol{X}$和$\boldsymbol{Y}$之间的协方差和标准差的商来表示向量之间的相关性。若向量$\boldsymbol{X}$和$\boldsymbol{Y}$为总体数据，则总体皮尔逊相关系数的计算公式如下：

$$\rho_{\boldsymbol{X},\boldsymbol{Y}}=\frac{\mathrm{Cov}(\boldsymbol{X},\boldsymbol{Y})}{\sigma_{\boldsymbol{X}}\sigma_{\boldsymbol{Y}}}=\frac{E[(\boldsymbol{X}-\mu_{\boldsymbol{X}})(\boldsymbol{Y}-\mu_{\boldsymbol{Y}})]}{\sigma_{\boldsymbol{X}}\sigma_{\boldsymbol{Y}}} \tag{2.5}$$

式中，$\sigma_{\boldsymbol{X}}$、$\sigma_{\boldsymbol{X}}$分别为向量$\boldsymbol{X}$和$\boldsymbol{Y}$的标准差。

若向量$\boldsymbol{X}$和$\boldsymbol{Y}$为样本数据，则通过估算样本数据的协方差和标准差，可得到样本皮尔逊相关系数，常用r表示：

$$r=\frac{\sum_{i=1}^{n}(x_i-\bar{\boldsymbol{X}})(y_i-\bar{\boldsymbol{Y}})}{\sqrt{\sum_{i=1}^{n}(x_i-\bar{\boldsymbol{X}})^2}\sqrt{\sum_{i=1}^{n}(y_i-\bar{\boldsymbol{Y}})^2}} \tag{2.6}$$

式中，x_i和y_i为两个样本点的数据；$\bar{\boldsymbol{X}}$和$\bar{\boldsymbol{Y}}$为两个样本的均值；n为样本点的采样数。r的绝对值越趋近于1，表明两个样本点的相关性越强。r亦可由(x_i,y_i)样本点的标准分数均值估计，得到与上式等价的表达式：

$$r=\frac{1}{n-1}\sum_{i=1}^{n}\left(\frac{x_i-\bar{\boldsymbol{X}}}{\sigma_{\boldsymbol{X}}}\right)\left(\frac{y_i-\bar{\boldsymbol{Y}}}{\sigma_{\boldsymbol{Y}}}\right) \tag{2.7}$$

皮尔逊相关系数 r 的取值范围为 $-1 \leqslant r \leqslant 1$，具体说明如下。

$$\begin{cases} r > 0 & \text{正相关} \\ r < 0 & \text{负相关} \\ |r| = 0 & \text{不存在线性相关} \\ |r| = 1 & \text{存在完全线性相关} \end{cases} \tag{2.8}$$

当 $0 < |r| < 1$ 时，表示存在不同程度的线性相关，具体说明如下。

$$\begin{cases} |r| \leqslant 0.3 & \text{不存在线性相关} \\ 0.3 < |r| \leqslant 0.5 & \text{低度线性相关} \\ 0.5 < |r| \leqslant 0.8 & \text{显性线性相关} \\ |r| > 0.8 & \text{高度线性相关} \end{cases} \tag{2.9}$$

2.4　工业数据的预处理

2.4.1　异常值处理

由于工业生产一般处于大噪声环境下，且传感器可能出现故障情况，因此在原始数据中可能会存在大量的异常值。工业数据主要涉及两种异常：人为错误和自然错误。人为错误，通常是由操作人员在数据收集、记录过程中产生的错误。自然错误通常不是人为的，而是由系统动态运行产生的一个自然的异常值，这种情况也可称为异常过程。对工业数据进行异常值处理时，常常需要视情况而定，因为异常值很有可能包含有价值的信息，特别是在一些异常识别中，这些异常值往往是异常识别的关键。

目前，对于异常值处理的方法，一般包括箱形图、3σ法则，以及标准分数法等。

1．箱形图

箱形图是一种用于显示一组数据分布情况的统计图。箱形图的绘制依靠实际数据，不需要事先假定数据服从特定的分布形式，没有对数据做任何限制性要求，它只是真实、直观地表现数据分布的本来面貌。通过箱形图判断异常值的标准是以四分位数和四分位数间距为基础的。四分位数具有一定的耐抗性，多达 25%的数据可以变得任意远，并且不会很大地扰动四分位数，所以异常值不能对这个标准施加影响。因此，通过箱形图识别异常值的结果比较客观，具有一定的优越性。

箱形图的绘制方法：首先，找出一组数据的上边缘、下边缘、中位数和两个四分位数（上四分位数和下四分位数）；然后，通过连接两个四分位数绘制出箱体；最后，将上边缘和下边缘与箱体连接，中位数位于箱体中间。其中，上四分位数和下四分位数分别定义为 Q3 和 Q1；四分位数间距定义为 IQR。箱形图为我们提供了一个识别异常值的标准：异常值为小于 Q1−1.5IQR 或大于 Q3+1.5IQR 的值。

2．3σ法则

3σ法则对异常值的判别过程：首先，假设一组检测数据只含随机误差，对其进行计算处理得到标准偏差；然后，按一定概率确定一个区间，认为凡超过这个区间的误差，都不属于随机误差而是粗大误差，含有该误差的数据应予以剔除。这种判别方法仅限于对正态分布或近似正态分布的样本数据进行处理，是以测量次数充分大为前提的。在正态分布中，σ为标准差，μ 为均值。通过 3σ法则对异常值进行判别后，数值分布在（$\mu-\sigma$，$\mu+\sigma$）中的概率为 0.6826；数值分布在（$\mu-2\sigma$，$\mu+2\sigma$）中的概率为 0.9544；数值分布在（$\mu-3\sigma$，$\mu+3\sigma$）中的概率为 0.9974。

3．标准分数法

标准分数法用于表示一个观测点（或数据点）与被观测值（或测量值）的均值距离。标准分数法是以假设数据服从正态分布为前提的，判断异常值的标准是以计算数据的均值和标准差为基础的，而均值和标准差的耐抗性极小，异常值会对它们产生较大影响。

实际上，工业数据并不严格服从正态分布，因此，通过 3σ法则或标准分数法鉴别工业生产中的异常值，其效果是很有限的。

工业数据异常值的处理案例

工业上常使用各种可视化方法，如箱形图、散点图等进行异常值处理。如果存在少量异常值，则可以删除异常值，也可以通过变换变量消除异常值。以高炉炼铁数据为例，一氧化碳利用率、富氧率的分布直方图和正态概率图如图 2.1 所示。从图 2.1 可以看出，高炉数据呈现非正态分布。

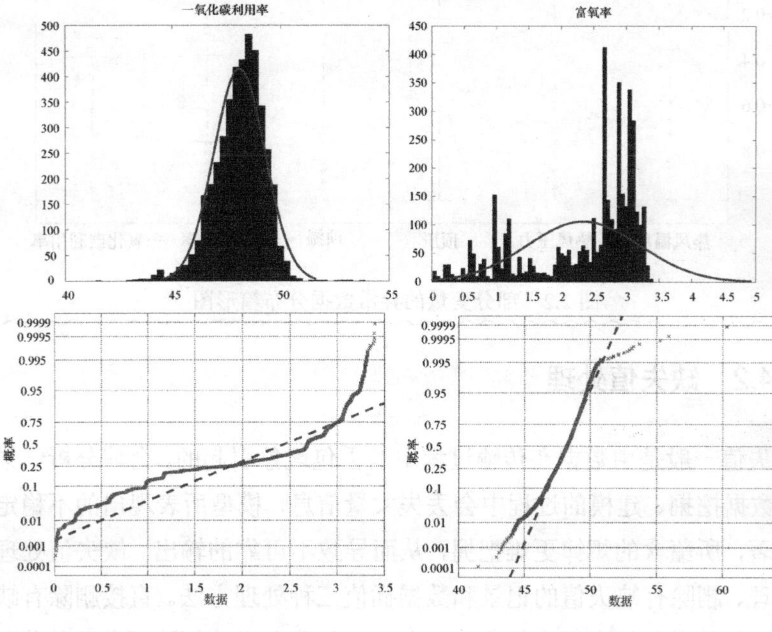

图 2.1　一氧化碳利用率、富氧率的分布直方图和正态概率图

图 2.2 给出了部分变量的异常数据分布箱形图，部分变量包括热风温度、热风压力、顶压、顶温、富氧率和一氧化碳利用率。其中，箱形图的下边线表示数据的下四分位数；上边线表示上四分位数。一般而言，不位于上四分位数和下四分位数之间的数据有可能是异常数据，但是工程经验表明，许多数据的“异常”是由生产过程不平稳引起的，而不是数据本身的错误。因此，本例仅将少数离群点判定为异常数据，并采用直接删除的方式处理。保留大部分异常值可以更精准地分析异常运行过程，及早地为操作人员提供决策支持。

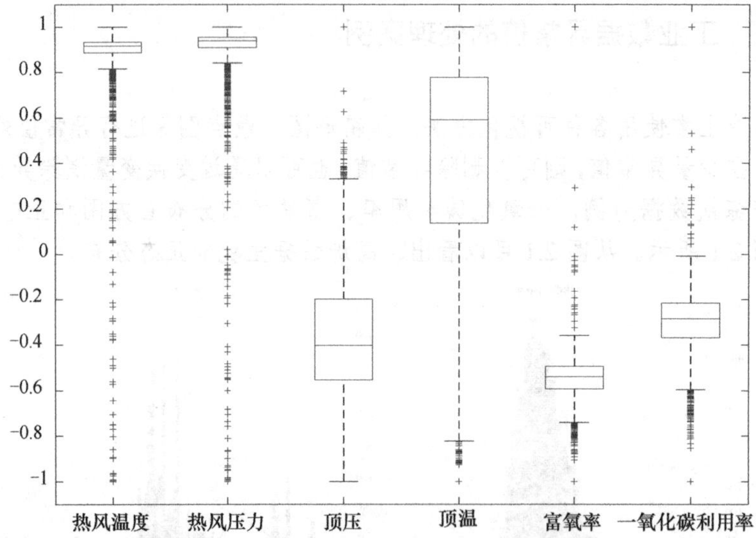

图 2.2　部分变量的异常数据分布箱形图

2.4.2　缺失值处理

缺失值一般是由数据在传输过程中的丢包现象引起的，会使分析结果不准确。在数据挖掘、建模的过程中会丢失大量信息，模型所表现出的不稳定性会更加显著，所蕴含的规律更难把握，从而导致不可靠的输出。缺失值处理一般有不处理、删除有缺失值的记录和数据插值三种处理方法。直接删除有缺失值的记录比较简单，但有很大的危害：会丢失隐藏在已被删除记录里的信息，尤其在数据量较小的情况下，这一做法带来的危害更为严重。相对于前两种处理方法，数据插值更为准确，也更受欢迎。一般有以下几种数据插值。

- 统计量插值：根据某一属性的数据，计算该属性的统计值（如均值、中位数和众数），并使用该属性的统计值进行插补。
- 固定值插值：将缺失值用一个常数进行替代，一般使用该属性的共识值。
- 最近邻插值：找到该属性缺失值附近的值，使用该值进行插补。

- 回归插值：根据已有的数据和与缺失值有关的数据建立回归模型，从而预测该缺失值。
- 函数插值：根据已经存在的值，采用适当的插值函数，计算出缺失值对应的函数值，并用此函数值进行插补。

工业数据缺失值的处理案例

以用户的用电数据为例，经过对数据的探索分析可以发现，缺失数据主要包括较多负荷值为 0 和单个数值缺失两种情况：对于用电数据记录中出现的连续 10 个负荷值为 0 的情况，可直接进行删除处理；对于单个数值缺失的情况，可使用统计量插值（均值）进行填充，具体见公式（2.10）。

$$f\left(x_t\right)=\begin{cases}\dfrac{x_{t-1}+x_{t+1}}{2} & x_t \in \mathrm{NaN} \\ x_t & \mathrm{else}\end{cases} \tag{2.10}$$

式中，x_t 为用户在第 t 天的用电量；$f\left(x_t\right)$ 为填充值，即用缺失数据前后两天的用电量均值填充缺失值。

如果删除少部分缺失值就可以达到既定的目标，那么直接删除也是有效的，但是存在很大的局限性，会造成资源的浪费。这时，可采用牛顿插值法处理缺失值，操作步骤如下。

❶ 求已知的 n 个点对 $\left(x_1,y_1\right),\left(x_2,y_2\right),\cdots,\left(x_n,y_n\right)$ 的差商公式：

$$f\left[x_1,x\right]=\frac{f[x]-f\left[x_1\right]}{x-x_1}=\frac{f(x)-f\left(x_1\right)}{x-x_1} \tag{2.11}$$

$$f\left[x_2,x_1,x\right]=\frac{f\left[x_1,x\right]-f\left[x_2,x_1\right]}{x-x_2} \tag{2.12}$$

$$f\left[x_n,x_{n-1},\cdots,x_1,x\right]=\frac{f\left[x_{n-1},\cdots,x_1,x\right]-f\left[x_n,x_{n-1},\cdots,x_1\right]}{x-x_n} \tag{2.13}$$

❷ 联立以上差商公式，建立如下插值多项式 $f(x)$：

$$f(x)=f(x_1)+(x-x_1)f[x_2,x_1]+(x-x_1)(x-x_2)f[x_3,x_2,x_1]+\cdots+ \\ (x-x_1)(x-x_2)\cdots(x-x_{n-1})f[x_n,x_{n-1},\cdots,x_2,x_1]+ \\ (x-x_1)(x-x_2)\cdots(x-x_n)f[x_n,x_{n-1},\cdots,x_1,x] \\ =P(x)+R(x) \tag{2.14}$$

$$P(x)=f(x_1)+(x-x_1)f[x_2,x_1]+(x-x_1)(x-x_2)f[x_3,x_2,x_1]+\cdots+ \\ (x-x_1)(x-x_2)\cdots(x-x_{n-1})f[x_n,x_{n-1},\cdots,x_2,x_1] \tag{2.15}$$

$$R(x)=(x-x_1)(x-x_2)\cdots(x-x_n)f[x_n,x_{n-1},\cdots,x_1,x] \tag{2.16}$$

式中，$P(x)$是牛顿插值逼近函数；$R(x)$是误差函数。

❸ 将缺失的函数值对应的点 x 代入插值多项式，得到缺失值的近似值 $f(x)$。

2.4.3 数据归一化处理

在统计学中，归一化用于创建统计数据的移位和缩放版本。其意图是这些归一化值可以消除不同量纲对数据产生的影响。某些类型的归一化仅涉及重新缩放，以获得相对于某个大小或某个变量的值。在理论统计中，参数归一化通常可以使关键量的采样分布不依赖于参数的函数及统计方式，即不仅可以从中观察计算的关键量，而且不需要知道参数。

如果不同维度的特征值差距较大或者分布不够均匀，则会导致在模型的训练过程中，训练时间较长，并且模型的识别效果也会受此影响。这时，采用归一化处理可以很好地解决这一问题。例如，可选择 min-max 归一化方法对原始的完整数据进行线性变换，将其映射到[0,1]，其归一化公式为

$$f(x_{i,t})=\frac{x_{i,t}-\min(x_{i,T})}{\max(x_{i,T})-\min(x_{i,T})} \tag{2.17}$$

2.4.4 不等时距数据处理

在实际的工业生产过程中，某些质量评价指标并不能由传感器实时测量，而需要由工人手工测量。由于传感器数据的测量是均匀采样，而由工人采集的

重要指标并非均匀采样，这样就会造成在数据挖掘过程中的数据不匹配问题。此处的数据不匹配包含两方面的不匹配：一方面是数据的测量时间不匹配；另一方面是数据量的不匹配。因此，需要对不等时距数据进行相关处理，使其成为等时距数据。

针对不等时距数据的处理方式，主要有以下几种：最邻近法、插值法、灰色模型法。

- 最邻近法的主要思想为将距离预测时刻最近的样本值作为样本输出。这种方法不论时间间隔为半小时或者更长，都将不同时刻的数据全部归为整点数据。对于工业生产的实际情况来说，最邻近法是不可行的，具体原因：工业生产中的传感器采样间隔一般为半小时或更短，仅采用最邻近法不能解决数据量的匹配问题；在生产过程中，实际工况在短时间内可能有剧烈变化，采用最邻近法不能反映实际的运行数据。
- 插值法常用来计算原始数据中的缺失值，如拉格朗日插值法、牛顿插值法、多项式插值法和样条插值法等。
- 灰色模型法仅需要较少的数据量即可获得相对较高的精度，并得到良好的预测效果。该方法已在众多领域得到应用。在灰色模型的建模过程中，需要使用等时距的数据进行建模。得出模型后，便可计算出在不同时刻的值。但是，在工业生产中产生的序列为非等时距数据，并不满足使用灰色模型法的前提。在实际应用中发现，灰色模型对于短时间内的预测效果较好，但对于长期预测，其效果较差。

工业数据不等时距的处理案例

在工业生产过程中，某些变量的检测时间往往由检测人员根据实际情况确定，造成了数据具有不等时距特性。例如，目前在高炉生产过程中，铁水硅含量检测存在较大的随机性，如表 2.1 所示：硅含量的检测时间间隔不等；检测时间不是整点时刻；相邻检测时间差更是无规律可循。

表 2.1　铁水硅含量检测存在较大的随机性

时　间	时间间隔（h）	与整点时刻的最小差值（min）	硅含量（%）
2016-10-2　1:10	—	10	0.43
2016-10-2　3:07	1.95	7	0.52
2016-10-2　5:40	2.55	20	0.30
2016-10-2　7:59	2.32	1	0.31
2016-10-2　10:47	2.80	13	0.29
2016-10-2　12:49	2.03	11	0.22
2016-10-2　15:55	3.10	5	0.42
2016-10-2　16:28	0.55	28	0.43
2016-10-2　18:40	2.20	20	0.71
2016-10-2　21:28	2.80	28	0.42

针对不等时距问题，可通过函数在有限个点处的取值情况，估算出函数在其他点处的近似值。与拟合不同的是，这里要求曲线通过所有的已知数据。可采用离散函数逼近法将不等时距的数值转化成等时距的数值。

计算插值有两种基本方法：第一种方法是对一个完成的数据集拟合出一个函数，并对数据集的不同部分拟合出不同的函数，而函数之间的曲线平滑对接；第二种方法是样条插值法，当数据拟合函数的形式非常复杂时，这是一种强大的工具。在本例使用的数据集中，其他参数变量的采样时间间隔基本固定（1 小时），而铁水硅含量的采样时间间隔不固定，需要对其进行插值，从而变成等时距（1 小时）的数值，可使用三次样条插值法完成拟合过程。插值拟合结果如图 2.3 所示。

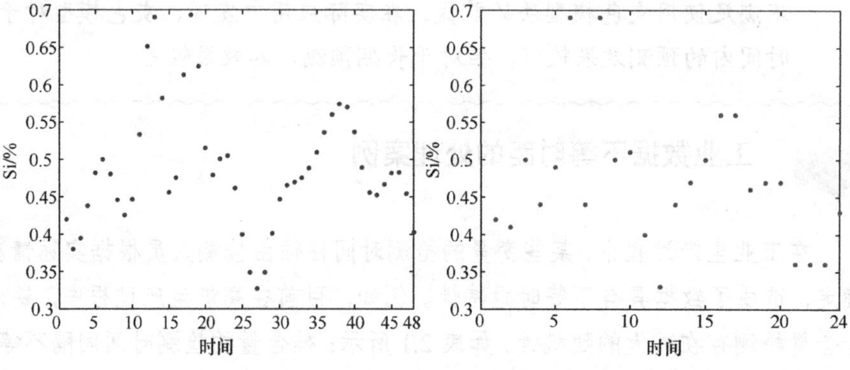

图 2.3　插值拟合结果

2.4.5　离群点检测

离群点检测是数据挖掘过程中的重要组成部分。它的任务是发现与大部分对象显著不同的数据。大部分数据挖掘方法都将这种差异信息视为噪声并丢弃，然而在一些应用中，这些数据可能蕴含着更大的研究价值。离群点的检测已经被广泛应用于电信和信用卡的诈骗检测、贷款审批、电子商务、网络入侵、天气预报等领域。

离群点检测是一种基于密度的检测方法，其关键技术在于该方法可结合 K–近邻算法为每一个数据点计算一个离群程度值：如果数据点在其局部邻域内的离群程度低，则判定为正常点；如果数据点在其局部邻域内的离群程度高，则判定为离群点。

LOF 算法是一种典型的基于密度的高精度离群点检测方法。该算法可为每一个数据点计算邻域内的离群因子（LOF 值），并根据其值判定是否为离群点。LOF 算法的原理图如图 2.4 所示。

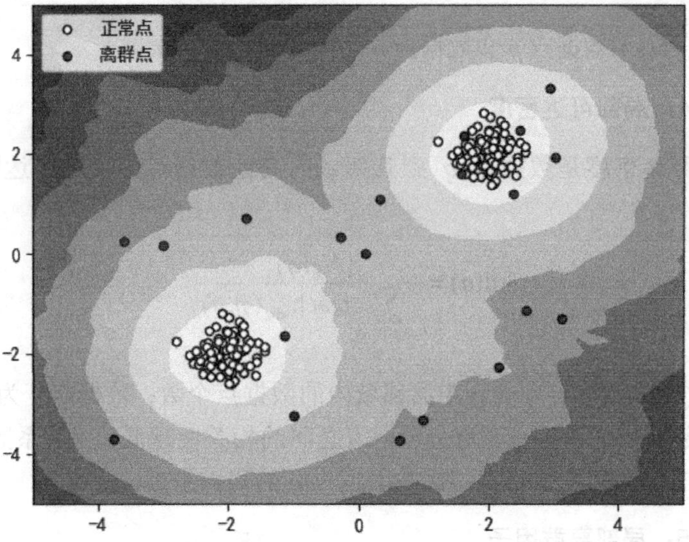

图 2.4　LOF 算法的原理图

LOF 算法涉及如下几个定义。

定义 1：k 距离

数据点 q 的 k 距离定义：在数据集中，距离数据点 q 最近的第 k 个点与 q 的距离，记作 $k_{\text{-dis}}(q)$。这里的距离可使用数据点之间的相关系数计算。

定义 2：k 距离邻域

k 距离邻域是由在数据集中与数据点 q 之间的距离不小于 k 距离的数据点 p 组成的集合，即

$$N_k(p) = \{p \in D \setminus \{q\} \mid r(q,p) \geqslant k_{\text{-dis}}(q)\} \tag{2.18}$$

式中，D 表示数据集。

定义 3：可达距离

数据点 p 到数据点 q 的可达距离定义为

$$\text{reach}_{\text{-dis}}(p,q) = \max\left\{r(p,q), k_{\text{dis}}(q)\right\} \tag{2.19}$$

式中，$r(p,q)$ 表示数据点 p 和数据点 q 之间的相关系数。

定义 4：局部可达密度

局部可达密度是数据点 q 到其邻域内其他数据点的平均可达距离的倒数，即

$$\text{lrd}(q) = \frac{|N_k(q)|}{\sum\limits_{p \in N_k(q)} \text{reach}_{\text{-dis}}(p,q)} \tag{2.20}$$

式中，$|N_k(q)|$ 为数据点 q 的 k 距离邻域内的数据点个数；数据点 p 为数据点 q 的 k 距离邻域内的数据点。两个数据点之间的相关性越低，相关系数值越小。因此，局部可达密度值将直接影响数据点 q 的局部密度。

定义 5：局部离群因子

局部离群因子表示数据点的离群程度，计算公式为

$$L(q)=\frac{\sum\limits_{p\in N_k(q)}\frac{\mathrm{lrd}(p)}{\mathrm{lrd}(q)}}{|N_k(q)|} \tag{2.21}$$

对其取倒数，即

$$\frac{1}{L(q)}=\frac{|N_k(q)|}{\sum\limits_{p\in N_k(q)}\frac{\mathrm{lrd}(p)}{\mathrm{lrd}(q)}} \tag{2.22}$$

式中，数据点 p 为数据点 q 的 k 距离邻域内的数据点；$L(q)$的大小表示数据点 q 在邻域内的离群程度：$L(q)$越大于 1，表明数据点 q 的密度与邻域内其他数据点的密度差异越大，数据点 q 的离群程度越高，越容易被视为离群点；$L(q)$越趋于 1，表明数据点 q 的密度与邻域内其他数据点的密度越接近，越容易被视为正常点。

2.4.6　不平衡数据集检测

在工业生产中，各类数据的样本量极不平衡。以二分类问题为例，假设正类（多数类）的样本数量远大于负类（少数类）的样本数量，通常情况下，把多数类样本与少数类样本的比例接近 100:1 的数据称为不平衡数据。对不平衡数据的分析，需要在分布不均匀的数据集中获取有用的信息。例如，虽然因电力系统中的异常用电行为造成了严重的经济损失，但在数据集中，异常用户占全部用户的比例很低，即异常用电行为的识别，从本质上讲是一个不平衡的二分类问题。

传统的机器学习分类算法的前提是各类的样本数量大致相同。然而，当传统的分类方法应用于不平衡的数据集时，为了最小化总体模型的误差，分类器往往会减少对少数类的关注，而偏向于多数类，导致多数类的分类空间增大，少数类样本难以被识别出来，分类性能将受到严重影响。为此，需要设计出智能化的方法来克服分类器对多数类的偏向问题。为了解决数据集的不平衡问题，需要通过对数据集的重构与筛选，构建一个相对平衡的数据集。不平衡数据集的重采样方法可分为欠采样方法和过采样方法。

- 欠采样方法通过舍弃部分多数类样本平衡数据集。该方法会随机选择部分多数类样本作为数据集中的样本。该方法有个很大的弊端：在随机选择多数类样本的过程中，可能会去除一些重要的多数类样本，因此会产生决策边界的失真。此外，在使用欠采样方法后，数据集将保持不变，这样会导致一些有用的多数类样本无法参与，从而丢失有效信息。
- 过采样方法的原理是增加少数类样本（最简单的是随机过采样方法）。利用该方法生成的样本和原数据集样本的相似性大，因此会产生过拟合问题。为解决过拟合问题，可引入少数类合成算法，用于对数据分布进行重构，从而解决数据的不平衡问题。

在这里重点介绍一下少数类合成算法。少数类合成算法是一种少量数据点扩充的方法。有实验证明，该算法可以提高少数类的分类准确率。该算法的大致思想是对少数类样本点确定 k 个近邻样本点，并在该样本点之间随机地合成一个少数类样本点。如此重复，直至数据样本集的多数类样本与少数类样本的数目平衡。

假设一个数据集的少数类样本数为 T，那么少数类合成算法将为这个少数类合成 NT 个新样本（这里要求 N 是正整数，如果给定的 $N<1$，那么算法将认为少数类的样本数 $T=NT$，并将强制 $N=1$）。假设该少数类的一个样本点为 x_i，$i\in\{1,\cdots,T\}$，则少数类合成算法的实现过程如下。

❶ 从该少数类的全部 T 个样本中找到 x_i 的 k 个近邻样本点（如用欧氏距离表示），记为 $x_i(\text{near})$。其中，$\text{near}\in\{1,\cdots,k\}$。

❷ 从这 k 个近邻样本点中随机选择一个样本点 $x_i(nn)$，并生成一个 0～1 的随机数 ξ_1，从而合成一个新样本 $x_i(1)$：

$$x_i(1)=x_i+\xi_1\left(x_i(nn)-x_i\right) \tag{2.23}$$

❸ 将❷重复执行 N 次，从而合成 NN 个新样本：$x_i(\text{new})$。其中，$\text{new}\in\{1,\cdots,N\}$。若对全部的 T 个少数类样本执行上述操作，则可为该少数类样本合成 NT 个新样本。

2.4.7　数据降维处理

在研究工业实际问题的过程中，经常会遇到多指标或涉及多个相关变量的问题。在大多数情况下，这些指标（变量）都不是各自独立的，它们之间往往存在着某些联系，并且相互影响、相互制约。由于指标之间具有一定的相关性，并且有时样本数量过于庞大，所以将会导致数据分析和解决问题的复杂程度增大。未经处理的数据维数通常都很高，并且存在很多冗余的属性特征，无法获得数据的真实特征。因此，如何对原始数据中大量冗余的指标进行处理从而简化问题，成为研究重点。由于原始数据的指标较多，所以希望能对原始数据进行降维，即利用较少的特征指标替代原始指标。

1．特征选择和特征提取

目前，主要的降维方式可以概括为两个基本类别：特征选择和特征提取。

- 特征选择是通过某种评价方法，从原始数据集中选择较优的最能反映原始数据集的特征子集来替代，以达到对原始数据集的降维。由此可知，特征选择并不改变变量的含义，仅做出筛选，留下对目标影响较大的变量。
- 特征提取是对原始数据集进行某种投影变换（或映射），通过变换得到原始特征空间在低维的特征子空间。特征子空间包含原始数据集的绝大多数特征。一般情况下，特征提取可以表示为

$$f:(a_1,a_2,\cdots,a_k)_{m\times k}\to(b_1,b_2,\cdots,b_k)_{n\times k} \tag{2.24}$$

其中，$(a_1,a_2,\cdots,a_k)_{m\times k}$ 代表的是待处理的原始数据集；$(b_1,b_2,\cdots,b_k)_{n\times k}$ 代表降维后映射到特征子空间的新数据集；m 和 n 满足关系式：$m>n$；f 代表一种特征提取过程。经过特征提取后的新特征子空间具有维数低、原始信息量大的优势，可方便进行深入、综合的分析。

2．主元分析

主元分析通常又被称为主成分分析、主分量分析、特征向量法、Hotelling 变换或 K-L（Karhunen-Loeve）变换。主成分是由多组最重要的观测指标构成

的随机向量，尽可能保存了原始指标的信息。这些新指标是原有特征的线性组合，并且新指标之间不相关。因此，主元分析的目标就是通过找到最能代表原始数据属性的正交基作为新特征空间的基准向量组，并通过基准向量组将原始数据映射到新的特征空间。从某种程度上说，若想最大化主元分析的作用，需要使满足条件的正交基的数目较少。

假设存在由n组原始数据组成的集合，每组数据存在p个属性，则该集合记为$\boldsymbol{X}=\left(\boldsymbol{X}_1,\boldsymbol{X}_2,\cdots,\boldsymbol{X}_p\right)_{n\times p}$；将这$p$个属性重新组合，能够得到充分反映$\boldsymbol{X}$的新数据集$\boldsymbol{Y}=\left(\boldsymbol{Y}_1,\boldsymbol{Y}_2,\cdots,\boldsymbol{Y}_q\right)_{n\times q}$，新数据集拥有$q$个属性。因此，主元分析从原始$p$维到$q$维的投影映射可以表示为

$$\boldsymbol{X}\to\boldsymbol{Y}，\boldsymbol{X}_i\in\mathbb{R}，\boldsymbol{Y}_i\in\mathbb{R}\quad p>q \tag{2.25}$$

式中，$\mathbb{R}$为实数集。

针对这一过程，考虑使用正交变换的方式对原始数据集进行映射。假设存在某正交变换矩阵$\boldsymbol{A}=\left(\boldsymbol{A}_1,\boldsymbol{A}_2,\cdots,\boldsymbol{A}_q\right)^{\mathrm{T}}=\begin{pmatrix} a_{11} & a_{12} & \cdots & a_{1p} \\ a_{21} & a_{22} & \cdots & a_{2p} \\ \vdots & \vdots & \ddots & \vdots \\ a_{q1} & a_{q2} & \cdots & a_{qp} \end{pmatrix}$，则变换过程可以表示为

$$\boldsymbol{Y}=\boldsymbol{A}\boldsymbol{X}^{\mathrm{T}} \tag{2.26}$$

针对每一维的变换过程也可表示为

$$\begin{aligned} \boldsymbol{Y}_1 &= a_{11}\boldsymbol{X}_1+a_{12}\boldsymbol{X}_2+\cdots+a_{1p}\boldsymbol{X}_p \\ \boldsymbol{Y}_2 &= a_{21}\boldsymbol{X}_1+a_{22}\boldsymbol{X}_2+\cdots+a_{2p}\boldsymbol{X}_p \\ &\vdots \\ \boldsymbol{Y}_q &= a_{q1}\boldsymbol{X}_1+a_{q2}\boldsymbol{X}_2+\cdots+a_{qp}\boldsymbol{X}_p \end{aligned} \tag{2.27}$$

需要注意的是：

- $\boldsymbol{A}=\left(\boldsymbol{A}_1,\boldsymbol{A}_2,\cdots,\boldsymbol{A}_q\right)^{\mathrm{T}}$，构成了原始样本投射到新空间的正交基，需要满足

$$AA^{\mathrm{T}} = a_{ij} = \begin{cases} 1 & i = j \\ 0 & i \neq j \end{cases} \tag{2.28}$$

并且，得到的各个主成分 $Y_1 Y_2,\cdots,Y_q$ 之间不应该存在线性相关关系，任意两个主成分之间求得的协方差应该等于零，即

$$\mathrm{Cov}\left(Y_i, Y_j\right) = 0 \qquad i, j = 1, 2, \cdots, q \qquad i \neq j \tag{2.29}$$

- 主成分 $Y_1 Y_2,\cdots,Y_q$ 是按照重要程度依次排列的。按照最大方差理论，各主成分方差的大小反映了其所包含的信息量大小，因此有

$$\mathrm{VAR}\left(Y_1\right) \geqslant \mathrm{VAR}\left(Y_2\right) \geqslant \cdots \geqslant \mathrm{VAR}\left(Y_q\right) \tag{2.30}$$

主元分析的实质是通过少数几个主成分来解释多个变量的方差或协方差结构，也就是设计一种变换，将数据集转换为利用少数几个有效的、彼此不相关的特征成分来表示，并且不减少原始数据包含的信息，使其在统计意义上达到方差最优。其最终目的是降维。

主元分析的具体过程如下。

❶ 对原始数据进行标准化处理，消除不同属性量纲的影响。

❷ 计算各属性之间的协方差，并组成协方差矩阵。

❸ 对协方差矩阵进行奇异值分解，求取矩阵的特征值和对应的特征向量。

❹ 将特征值按数值大小排序，分别计算各个特征值的累积贡献率。

❺ 根据累计贡献率选取满足要求的特征值所对应的特征向量，作为新特征子空间的基向量。

❻ 计算主成分，即由原始数据经过新特征子空间的基向量映射得到。

（1）标准化

假设原始数据有 n 个属性，记为 $X_1, X_2, \cdots, X_n$，则 m 组数据可以表示为

$$X_{m\times n}=\left(X_1,X_2,\cdots,X_n\right)=\begin{pmatrix} x_{11} & x_{12} & \cdots & x_{1n} \\ x_{21} & x_{22} & \cdots & x_{2n} \\ \vdots & \vdots & \ddots & \vdots \\ x_{m1} & x_{m2} & \cdots & x_{mn} \end{pmatrix} \tag{2.31}$$

对 X_i 进行标准化，公式为

$$X_i=\frac{X_i-\bar{X}_i}{\sigma_i} \qquad i=1,2,\cdots,n \tag{2.32}$$

式中，$\bar{X}_i=\left(\bar{x}_1,\bar{x}_2,\cdots,\bar{x}_n\right)$，为 X_i 的均值，$\bar{x}_i=\frac{1}{m}\sum_{j=1}^{m}x_{ji}$，为第 i 个属性的均值；$\sigma_i=\sqrt{\frac{1}{m}\sum_{j=1}^{m}\left(x_{ji}-\bar{x}_i\right)^2}$，为 X_i 的标准差。

通过标准化操作，X_i 中各属性的均值变为 0，方差变为 1。这相当于将 X_i 按比例进行了缩放，使得数据的分布中心移至原点，并且分布更加合理，不会出现数值分布过疏或过密的情况。通过标准化操作，去除了数据的单位限制，将其转化为无量纲的纯数值。在主元分析中，标准化是必须执行的，从而保证变量均为同一个数量级，否则，将忽略数值小却很重要的特征。

（2）协方差矩阵及奇异值分解

标准差表示的是在某个对象中，各个值与中心点的偏离程度；协方差表示的是两个对象之间的相关性，具体计算公式为

$$\mathrm{Cov}\left(X_i,X_j\right)=\frac{1}{m}\sum_{k=1}^{m}(x_{ki}-\bar{x}_i)(x_{kj}-\bar{x}_j) \tag{2.33}$$

协方差矩阵的定义为

$$\mathrm{Cov}(X)=\begin{pmatrix} \mathrm{Cov}\left(X_1,X_1\right) & \mathrm{Cov}\left(X_1,X_2\right) & \cdots & \mathrm{Cov}\left(X_1,X_n\right) \\ \mathrm{Cov}\left(X_2,X_1\right) & \mathrm{Cov}\left(X_2,X_2\right) & \cdots & \mathrm{Cov}\left(X_2,X_n\right) \\ \vdots & \vdots & \ddots & \vdots \\ \mathrm{Cov}\left(X_n,X_1\right) & & \cdots & \mathrm{Cov}\left(X_n,X_n\right) \end{pmatrix} \tag{2.34}$$

对 Cov($\boldsymbol{X}$) 进行特征值分解，可得到

$$\mathrm{Cov}(\boldsymbol{X})=\boldsymbol{\Phi}_{n\times n}\boldsymbol{\Sigma}\boldsymbol{\Phi}_{n\times n}^{\mathrm{T}} \tag{2.35}$$

式中，$\boldsymbol{\Sigma}=\mathrm{diag}(\lambda_1,\lambda_2,\cdots,\lambda_n)$，各特征值 $\lambda_1,\lambda_2,\cdots,\lambda_n$ 按照由大到小的顺序排列，即 $\lambda_1\geqslant\lambda_2\geqslant\cdots\geqslant\lambda_n$；$\boldsymbol{\Phi}_{n\times n}^{\mathrm{T}}$ 为一个由特征值对应的特征向量组成的正交矩阵。

如果将原始数据 $\boldsymbol{X}$ 投影到某个特征向量上，则投影后的数据方差就是该特征向量对应的特征值。由此可知，最大的特征值对应的特征向量是投影后子空间的数据方差中最大的。根据最大方差理论可知，数据方差越大，所包含的信息越多。因此，在构建新空间坐标系时，应优先选择较大特征值对应的特征向量，最大特征值对应的特征向量为第一主轴，以此类推，直至转换后的数据包含的原始信息量达到要求。

（3）累计方差贡献率和主成分选择

主元分析通过从 $\boldsymbol{\Phi}_{n\times n}$ 中选取若干特征向量来实现原始特征空间到新特征空间的映射。在这一过程中，如何合理地选择特征向量的个数变得至关重要。如果选择的特征向量个数过多，虽然能更大程度地保留原始数据的信息，但也增加了降维的复杂度，弱化了主元分析的作用；如果选择的特征向量个数过少，则提取的特征并不能很好地反映原始数据的特征，容易造成有用信息的丢失。因此，需要通过计算累计贡献率确定合适的特征向量个数。

协方差矩阵的特征根对应着主成分的方差，而方差大小反映了主成分对原始数据信息的保留程度。因此，可以通过计算每个特征根与所有特征根之和的比值来反映各主成分携带信息的能力。这一比值称为方差贡献率：方差贡献率越大，则主成分携带信息的能力越强，越应该优先保留。累计方差贡献率则是计算前 t 个主成分方差贡献率之和与所有 n 个主成分总方差贡献率的比值，具体计算公式为

$$\Gamma=\frac{\sum_{i=1}^{t}\lambda_i}{\sum_{i=1}^{n}\lambda_i}\geqslant a \tag{2.36}$$

式中，a为设定的阈值，可根据不同的实验要求进行调整。

选取前t个满足$\Gamma \geqslant a$的主成分构成降维后的新数据集：

$$X' = \left(\xi_1, \xi_2, \cdots, \xi_t\right) X \tag{2.37}$$

2.5 假设检验

假设检验是用来判断样本与样本、样本与总体的差异由抽样误差引起，或由本质差异引起的统计推断方法。其目的是通过样本推断总体，即通过两个样本均值的比较判断两个总体均值是否相等。

2.5.1 假设检验的基本原理

在假设检验中将应用小概率反证法原理。小概率反证法原理：对于一个小概率事件[1]而言，其对立面发生的可能性显然要大大高于这一小概率事件，可以认为小概率事件在一次试验中不应当发生。因此，可以先判定假设是成立的，然后基于此进行推导，并在该假设所代表的总体中进行抽样研究，从而得到当前样本（以及更极端的样本）的概率。如果结果显示这是一个小概率事件，则意味着在一次抽样研究中竟然发生了小概率事件。因此，可以按照反证法原理[2]推翻给出的假设，认为它们实际上是不成立的。

把原先设定的假设称为原假设，记作H_0；把与H_0相反的假设称为备择假设（它是原假设被拒绝时应接受的假设），记作H_1。因此，对于双侧检验，H_0: $\mu=\mu_0$，H_1: $\mu \neq \mu_0$；对于单侧检验，H_0: $\mu \geqslant \mu_0$，H_1: $\mu < \mu_0$，或者H_0: $\mu \leqslant \mu_0$，H_1: $\mu > \mu_0$。

假设检验就是根据样本的观测结果对原假设（H_0）进行检验：若接受H_0，

1. 小概率事件：一个事件的发生概率很小，在一次试验中基本不会发生。
2. 反证法原理：先提出假设，再用适当的统计方法确定假设成立的可能性大小：若可能性小，则认为假设不成立；若可能性大，则没有理由否定假设。

则否定 H_1；若拒绝 H_0，则接受 H_1。

2.5.2　假设检验的一般步骤

❶ 提出检验假设，又称原假设，符号是 H_0（H_0 表示样本与总体或样本与样本间的差异是由抽样误差引起的）；备择假设的符号是 H_1（H_1：样本与总体或样本与样本间的差异是由本质差异引起的）；预先设定的检验水准为 0.05；当检验假设为真，但被错误拒绝的概率，记为 α，通常取 α 为 0.05 或 α 为 0.01。

❷ 选定检验方法：先由样本观测值按相应的公式计算出统计量的大小，再根据资料的类型和特点，分别选用 Z 检验法、T 检验法、卡方检验法等。

❸ 根据统计量的大小及分布，确定检验假设成立的可能性（P 的大小），并判断结果：若 $P > a$，则认为按 a 所取水准不显著，不拒绝 H_0，即认为差异很可能是由于抽样误差引起的，在统计上不成立；如果 $P \leqslant a$，则认为按 a 所取水准显著，拒绝 H_0，接受 H_1，即认为此差异不太可能仅由抽样误差所致，很可能由实验的不同因素造成，故在统计上成立。P 值的大小一般可通过查阅相应的界值表得到。

2.5.3　假设检验的种类

1. T 检验法

T 检验法亦称 Student T 检验法，主要用于检验两个样本均值的差异程度。其利用 T 分布理论推断差异发生的概率，从而判定两个均值的差异是否显著。T 检验法适用于样本数较少（即样本容量小于 30）、总体标准差未知的正态分布样本。

应用 T 检验法检验统计量 t 值的计算公式如下：

$$t=\frac{|\bar{X}-\mu_0|}{S_{\bar{X}}}=\frac{\bar{X}-\mu_0}{S/\sqrt{n}} \qquad \nu=n-1 \tag{2.38}$$

式中，$\bar{X}$ 为样本均值；μ_0 为总体均值；S 为样本标准差；ν 为自由度；n 为样本数。

2. Z 检验法

Z 检验法一般用于大样本数（即样本容量大于 30）均值的差异性检验。其通过计算两个均值之差的标准分数与规定的理论 Z 值比较（是否大于规定的理论 Z 值），从而判定两个均值的差异是否显著。当已知标准差，验证一组数的均值是否与某一期望值相等时，可应用 Z 检验法。

应用 Z 检验法检验统计量 Z 值的计算公式如下：

$$Z=\frac{\bar{X}-\mu_0}{S/\sqrt{n}} \tag{2.39}$$

式中，$\bar{X}$ 为样本均值；μ_0 为总体均值；S 为样本标准差；n 为样本数。

3. 卡方检验法

卡方检验法用于检验统计样本的实际观测值与理论推断值之间的偏离程度。卡方值越大，则实际观测值与理论推断值之间的偏离程度越大；反之，两者的偏离程度越小。若两者完全相等，则卡方值为 0，表明实际观测值与理论推断值完全相等。

应用卡方检验法检验统计量 χ^2 值的计算公式为

$$\chi^2=\sum_{i=1}^{k}\frac{(f_i-np_i)^2}{np_i} \tag{2.40}$$

式中，k 是将总体 X 的取值范围分成互不相交的小区间个数；把落入第 i 个小区间 A_i 的样本值个数记作 f_i，称为组频数；总体 X 的值落入第 i 个小区间 A_i 的概率为 p_i，因此，np_i 就是落入第 i 个小区间 A_i 的样本值的理论频数（理论值）。

2.6 多变量分析模型

多变量分析模型是在模型中可以区分自变量、因变量（模型中可以有多个自变量和因变量），用于考察各自变量对因变量的作用强弱，最终对因变量的取值进行预测的统计模型。

多变量分析是对资料中有多个变量（或称因素、指标）同时存在时的统计分析。对于有多个变量客观存在且又相互影响的资料，采用单变量进行统计分析是不合理的：单变量统计分析可能会忽视其他因素的影响；多变量分析能把变量间的内在联系和相互影响考虑在内。

多变量分析的理论基础和工具是数学中的概率论和矩阵。但对于实际应用者而言，只要有合适的计算机、软件包，以及掌握一些初步的多变量统计知识就可以使用它来解决实际问题。虽然多变量分析的内容很多，但从工业数据的特征出发，可将常用的多变量分析模型分为线性模型、广义线性模型、线性混合效应模型等。

2.6.1 线性模型

假设对响应变量 Y 进行 m 次观测，得到 $y_1, y_2, \cdots, y_m$，并满足如下线性组合形式：

$$
\begin{aligned}
y_1 &= x_{11}\omega_1 + x_{12}\omega_2 + \cdots + x_{1d}\omega_d + e_1 \\
y_2 &= x_{21}\omega_1 + x_{22}\omega_2 + \cdots + x_{2d}\omega_d + e_2 \\
&\vdots \\
y_m &= x_{m1}\omega_1 + x_{m2}\omega_2 + \cdots + x_{md}\omega_d + e_m
\end{aligned}
\tag{2.41}
$$

式中，x_{ij}（$i=1,\cdots,m$，$j=1,\cdots,d$）为已知常数；$\omega_1,\cdots,\omega_d$ 为非随机的未知参数；e_i（$i=1,\cdots,m$）为随机误差，是由试验、测量等各种误差因素共同作用产生的，并且满足 $E(e_i)=0$，$\mathrm{Cov}(e_i,e_j)=\sigma_{ij}$。

引入如下矩阵形式：

$$
\boldsymbol{y}=\begin{bmatrix} y_1 \\ y_2 \\ \vdots \\ y_m \end{bmatrix} \quad \boldsymbol{X}=\begin{bmatrix} x_{11} & x_{12} & \cdots & x_{1d} \\ x_{21} & x_{22} & \cdots & x_{2d} \\ \vdots & \vdots & \ddots & \vdots \\ x_{m1} & x_{m2} & \cdots & x_{md} \end{bmatrix} \quad \boldsymbol{\omega}=\begin{bmatrix} \omega_1 \\ \omega_2 \\ \vdots \\ \omega_d \end{bmatrix} \tag{2.42}
$$

$$
\boldsymbol{e}=\begin{bmatrix} e_1 \\ e_2 \\ \vdots \\ e_m \end{bmatrix} \quad \boldsymbol{\Sigma}=\begin{bmatrix} \sigma_{11} & \sigma_{12} & \cdots & \sigma_{1m} \\ \sigma_{21} & \sigma_{22} & \cdots & \sigma_{2m} \\ \vdots & \vdots & \ddots & \vdots \\ \sigma_{m1} & \sigma_{m2} & \cdots & \sigma_{mm} \end{bmatrix}
$$

则式（2.41）可写为 $\boldsymbol{y}=\boldsymbol{X\omega}+\boldsymbol{e}$，其中 $\boldsymbol{e}$ 满足

$$
E(\boldsymbol{e})=0 \qquad \mathrm{Cov}(\boldsymbol{e})=\boldsymbol{\Sigma} \tag{2.43}
$$

综上所述，称模型

$$
\boldsymbol{y}=\boldsymbol{X\omega}+\boldsymbol{e} \qquad E(\boldsymbol{e})=0 \qquad \mathrm{Cov}(\boldsymbol{e})=\Sigma \tag{2.44}
$$

为线性统计模型，简称线性模型。其中，$\boldsymbol{y}$ 为 $m\times1$ 的观测向量；$\boldsymbol{X}$ 为 $m\times d$ 的已知矩阵（也称设计矩阵）；$\boldsymbol{\omega}$ 为非随机的未知参数向量；$\boldsymbol{e}$ 为随机误差向量。

2.6.2 广义线性模型

在由式（2.42）给出的线性模型中，要求误差项的分布为正态分布。但当误差项或者响应变量并不服从正态分布时，就需要一个更合适的模型来描述预测变量与响应变量的相关关系。广义线性模型是一种线性和非线性回归模型的整合形式，不要求响应变量是预测变量的线性函数，可通过引入联结函数分析两者之间的相关关系。广义线性模型一般由以下三部分组成。

1. 随机成分

误差项或者响应变量的概率分布被称为随机成分。在任一广义线性模型中，响应变量的 m 个观测样本 $y_1,y_2,\cdots,y_m$ 相互独立，并且服从某一种指数族，

包括正态分布、泊松分布、二项分布、伽马分布等。

若响应变量服从指数族分布，则其概率密度函数具有以下形式：

$$f(y_i,\theta_i,\varphi)=\exp\left\{\frac{y_i\theta_i-b(\theta_i)}{a(\varphi)}+h(y_i,\varphi)\right\} \tag{2.45}$$

式中，φ 是标量参数；θ_i 为自然位置参数；$y_i\theta_i$ 是响应变量 y_i 和参数 θ_i 的双线性部分；$b(\theta_i)$ 是 θ_i 的非线性部分；$h(y_i,\varphi)$ 是 y_i 和 φ 的非线性部分。

2．系统成分

系统成分又称线性观测器，即预测变量的线性组合。假设系统成分与预测变量为线性相关，则系统成分可以表示为

$$\eta_i=\boldsymbol{X}_i^{\mathrm{T}}\boldsymbol{\omega}=\sum_{j=1}^{d}x_{ij}\omega_j \qquad i=1,\cdots,m \tag{2.46}$$

3．联结函数

假设 $\mu_i=E(y_i)$，是响应变量 y_i 的期望值，为使模型的设定能够反映 μ_i 与 η_i 的关系，设置广义线性模型存在一个严格单调递增（或严格单调递减）的函数 $g(\cdot)$，满足：

$$\eta_i=g(\mu_i) \tag{2.47}$$

即

$$\boldsymbol{X}_i^{\mathrm{T}}\boldsymbol{\omega}=g\left(E\left(y_i\right)\right) \tag{2.48}$$

由式（2.48）可知，响应变量 y_i 的期望值是

$$E\left(y_i\right)=g^{-1}\left(\eta_i\right)=g^{-1}\left(\boldsymbol{X}_i^{\mathrm{T}}\boldsymbol{\omega}\right) \tag{2.49}$$

此时，可称函数 $g(\cdot)$ 为联结函数（也称连接函数或联系函数）。若 η_i 满足 $\eta_i=\theta_i$，则称 η_i 为典型联结（Canonical Link）。表 2.2 总结了广义线性模型的典型联结形式。

表 2.2　广义线性模型的典型联结形式

指 数 族	典型联结
正态分布	$\eta_i = \mu_i$
二项分布	$\eta_i = \ln\left(\dfrac{\mu_i}{1-\mu_i}\right)$
泊松分布	$\eta_i = \ln(\mu_i)$
指数分布	$\eta_i = \dfrac{1}{\mu_i}$
伽马分布	$\eta_i = \dfrac{1}{\mu_i}$

2.6.3　线性混合效应模型

线性混合效应模型是一类重要的统计模型，可以有效地将不同来源的信息组合，并对不同的误差来源进行解释。它既包含固定效应，又包含随机效应。其一般形式为

$$\boldsymbol{y} = \boldsymbol{X\omega} + \boldsymbol{U}_1\boldsymbol{\xi}_1 + \boldsymbol{U}_2\boldsymbol{\xi}_2 + \cdots + \boldsymbol{U}_i\boldsymbol{\xi}_i + \cdots + \boldsymbol{U}_k\boldsymbol{\xi}_k \tag{2.50}$$

式中，$\boldsymbol{y}$ 是 $m\times1$ 的观测向量；$\boldsymbol{X}$ 是 $m\times d$ 的已知设计矩阵；$\boldsymbol{\omega}$ 是 $d\times1$ 的非随机未知参数向量，也称为固定效应向量；$\boldsymbol{U}_i$ 是 $m\times q_i$ 的已知设计矩阵；$\boldsymbol{\xi}_i$ 是 $q_i\times1$ 的随机向量，也称为随机效应向量。

通常假设

$$E(\boldsymbol{\xi}_i)=0 \qquad \mathrm{Cov}(\boldsymbol{\xi}_i)=\sigma_i^2\boldsymbol{I} \qquad \mathrm{Cov}(\boldsymbol{\xi}_i,\boldsymbol{\xi}_j)=0 \qquad i\neq j \tag{2.51}$$

因此

$$E(\boldsymbol{y})=\boldsymbol{X\omega} \qquad \mathrm{Cov}(\boldsymbol{y})=\sum_{i=1}^{k}\boldsymbol{\sigma}_i^2\boldsymbol{U}_i\boldsymbol{U}_i^{\mathrm{T}} \tag{2.52}$$

式中，$\boldsymbol{\sigma}_i^2$ 为方差向量。

式（2.50）～式（2.52）突破了传统线性模型要求的观测值彼此独立且等方差的条件限制。

2.7　最大似然估计

最大似然估计是一种统计方法，主要借助一个模型，进行数据和参数的设定。在进行参数设定的过程中，让设定的模型在所有的已知模型中出现的可能性最大，即利用似然函数的最大值估计总体分布中的未知参数。简单来说，就是用于确定基于何种情形下，会发生已经知道的事情。

得到最大似然估计值的一般步骤：

❶ 写出似然函数。

❷ 对似然函数取对数，并进行相关整理。

❸ 对似然函数求导。

❹ 对似然方程组进行求解，从而得到最大似然估计值。

由于样本集中的样本为独立同分布，因此可以只利用一类样本集 D 估计参数向量 $\boldsymbol{\theta}$，已知的样本集为

$$D=\{X_1,\cdots,X_n\} \tag{2.53}$$

则联合概率密度函数 $P(D|\boldsymbol{\theta})$ 为

$$P(D|\boldsymbol{\theta})=l(\boldsymbol{\theta})=P(X_1,\cdots,X_n|\boldsymbol{\theta})=\prod_{i=1}^{n}P(X_i|\boldsymbol{\theta}) \tag{2.54}$$

如果 $\boldsymbol{\theta}$ 是参数空间中能使 $l(\boldsymbol{\theta})$ 最大的值，则 $\hat{\boldsymbol{\theta}}$ 是 $\boldsymbol{\theta}$ 的最大似然估计值，也是样本集的函数，记作

$$\hat{\boldsymbol{\theta}}=d(X_1,\cdots,X_n)=d(D) \tag{2.55}$$

利用最大似然估计，求得出现该组样本概率最大的 $\hat{\boldsymbol{\theta}}$ 值的公式为

$$\hat{\boldsymbol{\theta}}=\arg\max l(\boldsymbol{\theta})=\arg\max\prod_{i=1}^{n}P(X_i|\boldsymbol{\theta}) \tag{2.56}$$

在实际应用中，为了便于分析，定义了对数似然函数：

$$H(\theta)=\ln l(\theta) \tag{2.57}$$

$$\hat{\theta}=\arg\max_{\theta} H(\theta)=\arg\max_{\theta} \ln l(\theta)=\arg\max_{\theta} \ln \prod_{i=1}^{n} P(X_i \mid \theta)=\arg\max_{\theta} \sum_{i=1}^{n} \ln P(X_i \mid \theta) \tag{2.58}$$

对于上述公式，需要说明的是：

- 若未知参数只有一个（θ为标量），则在似然函数满足连续、可微的正则条件下，最大似然估计值是下面微分方程的解：

$$\frac{\mathrm{d}l(\theta)}{\mathrm{d}(\theta)}=0 \Leftrightarrow \frac{\mathrm{d}H(\theta)}{\mathrm{d}(\theta)}=\frac{\mathrm{d}\ln l(\theta)}{\mathrm{d}(\theta)}=0 \tag{2.59}$$

- 若未知参数有多个（θ为向量），则θ可表示为具有S个分量的未知向量：

$$\theta=[\theta_1,\cdots,\theta_s]^{\mathrm{T}} \tag{2.60}$$

- 若似然函数满足连续可导的条件，则最大似然估计值为如下方程的解（方程的解只是一个估计值，只有在样本数趋于无限多时，它才接近真实值）：

$$\nabla_{\theta} H(\theta)=\nabla_{\theta} \ln l(\theta)=\sum_{i=1}^{n} \nabla_{\theta} \ln P(X_i \mid \theta)=0 \tag{2.61}$$

对最大似然估计的性质总结如下：

- 当样本数m趋于无穷时，就收敛域而言，最大似然估计是最好的渐近估计。
- 在合适的条件下，最大似然估计具有一致性，即训练样本数趋于无穷大时，参数的最大似然估计会收敛到参数的真实值。

2.8 关联分析

超市包含很多人工智能的当前及未来应用场景，包括物品的展示方式、购物之后优惠券的提供，以及用户忠诚度分析等。例如，通过查看哪些商品经常被一起购买，可以帮助商家了解用户的购买行为。从大规模数据集中寻找物品间的隐含关系被称为关联分析，可以用于商品定价、市场促销、存货管理等环节。

近年来，随着传感技术和信息技术的快速发展，工业过程中的信息获取、传输和存储的成本大幅度降低。虽然我国的工业生产已基本实现由计算机控制，但是对生产过程中形成的大量数据资源，并没有进行有效利用。工业大数据中蕴含着十分宝贵的知识财富，由于缺乏有效的挖掘工具，并没有被完全发掘，造成了大量数据资源的浪费。使用大数据分析和数据关联分析方法对工业大数据中蕴含的知识进行挖掘，并将获取的知识应用于实际的工业生产中，可以起到优化生产方式、辅助决策的作用。因此，如何挖掘大量数据中蕴含的知识，将所获取的知识进行分析和利用，以此达到工业生产过程中的有效监测、控制、调度等目的，已经成为目前的研究热点。

关联分析是一种在大规模数据集中寻找"有趣"关系的任务。这些关系可以用两种形式描述：频繁项集、关联规则。

- 频繁项集是经常出现在一起的物品集合，频繁项集的举例如表 2.3 所示。

表 2.3　频繁项集的举例

交易记录编号	商　品
0	豆奶，莴苣
1	莴苣，尿布，葡萄酒，甜菜
2	豆奶，尿布，葡萄酒，橙汁
3	莴苣，豆奶，尿布，葡萄酒
4	莴苣，豆奶，尿布，橙汁

- 关联规则用于刻画两种物品之间可能存在的关系。

如何定义频繁项集和关联规则呢？一般用支持度和置信度来定义。

一个项集的支持度是数据集中包含该项集的记录所占的比例。例如，在表 2.3 的 5 条交易记录中，有 3 条包含{尿布，豆奶}，因此{尿布，豆奶}的支持度为 3/5。支持度是针对项集而言的，因此，可以定义一个最小支持度，保留大于最小支持度的项集。

置信度是针对关联规则而言的，分别反映所发现规则的有用性和确定性。例如，在表 2.3 中，$\{尿布\}\to\{葡萄酒\}$ 的置信度定义为"$\{尿布，葡萄酒\}$ 的支持度/$\{尿布\}$ 的支持度"，因 $\{尿布，葡萄酒\}$ 的支持度为 3/5，$\{尿布\}$ 的支持度为 4/5，故 $\{尿布\}\to\{葡萄酒\}$ 的置信度为 3/4=0.75，这表示对于包含"尿布"的所有交易记录，关联规则对其中 75%的交易记录都适用。

支持度和置信度是用来衡量关联分析是否成功的方法，可设置最小支持度阈值和最小置信度阈值。如果满足最小支持度阈值或最小置信度阈值，则发现的关联规则是有效的，同时满足最小支持度阈值和最小置信度阈值的规则称为强规则。

2.8.1 关联规则挖掘

关联规则是形如 $X\to Y$ 的蕴含式，表示通过事务 X 的发生，以一定概率可以推导出事务 Y 的发生。其中，事务 X 和 Y 分别称为关联规则的前件（Left-Hand-Side，LHS）和后件（Right-Hand-Side，RHS）。

假设 $I=\{I_1,I_2,\cdots,I_m\}$，表示项的集合，简称项集；D 是数据库事务的集合（简称事务集）；每个事务 T 是非空项集，$T\subseteq I$；项的个数称为项集的长度，长度为 k 的项集称为 k 项集；X 是一个项集，事务 T 包含 X；规则 $X\to Y$ 在事务集 D 中成立，具有支持度 $\mathrm{Sup}(X\to Y)$，支持度 $\mathrm{Sup}(X\to Y)$ 是 D 中事务包含 $X\cup Y$ 的百分比；规则 $X\to Y$ 在事务集 D 中具有置信度 $\mathrm{Conf}(X\to Y)$，$\mathrm{Conf}(X\to Y)$ 是 D 中事务在包含 X 事务的同时也包含 Y 事务的百分比。可具体表示为

$$\mathrm{Sup}(X\to Y)=P(X\cup Y)=\frac{\mathrm{Count}(X,Y)}{|D|} \tag{2.62}$$

$$\mathrm{Conf}(X\to Y)=P(Y|X)=\frac{\mathrm{Sup}(X\to Y)}{\mathrm{Sup}(X)} \tag{2.63}$$

式中，$\text{Count}(X, Y)$为 X 和 Y 同时出现的事务个数；$|D|$为所有事务个数；$\text{Sup}(X)$为 X 的支持度。

提升度 $\text{lift}(X \rightarrow Y)$ 表示在含有 X 的条件下，同时含有 Y 的概率，可具体表示为

$$\text{lift}(X \rightarrow Y) = \frac{P(Y|X)}{P(Y)} \tag{2.64}$$

与只看 Y 发生的概率相比，提升度 $\text{lift}(X \rightarrow Y)$ 反映了关联规则中 X 与 Y 的相关性：若大于 1，则值越高表明 X 和 Y 的正相关性越高；若小于 1，则值越低表明 X 和 Y 的负相关性越高；若等于 1，则表明 X 和 Y 没有相关性，即相互独立。

最小支持度是项集的最小支持阈值，记为 min_sup，用于表示用户关注的关联规则的最低重要性。支持度大于 min_sup 的项集称为频繁项集，长度为 k 的频繁项集称为频繁 k 项集。

根据频繁项集的定义，可以推导出如下结论：

- 如果项集是频繁项集，那么它的非空子集一定都是频繁项集。
- 如果候选 k 项集中的项集 X，包含一个 k-1 阶子集，该子集不属于频繁 k-1 项集，那么 X 就不可能是频繁项集，应该从候选项集中删除。

一般而言，挖掘关联规则的步骤如下。

❶ 找出所有的频繁项集。

❷ 由频繁项集产生强关联规则。根据定义，这些规则必须满足最小支持度和最小置信度。

2.8.2 关联规则算法

最为经典的关联规则算法为 Apriori 算法、FP-Growth 算法。

- Apriori 算法通过扫描数据库，以及数理统计的方式计算数据集中的频

繁项集，并通过置信度阈值生成规则。Apriori 算法简单，是目前关联规则算法中应用较为广泛的一种。

- FP-Growth 算法在 Apriori 算法的基础上，改进了挖掘频繁项集的方式，降低了算法的时间复杂度，以及系统的输入/输出特性。

下面将重点介绍 Apriori 算法。Apriori 算法的基本思想：首先，扫描数据库生成候选项集 C_k；然后，根据最小支持度对候选项集 C_k“剪枝”，生成频繁项集 L_k；最后，根据最小置信度从频繁项集 L_k 中生成关联规则。Apriori 算法使用逐层搜索的迭代算法找出所有的频繁项集，k 项集用来寻找 k+1 项集。Apriori 算法的运行符合两个规律：频繁项集的每一个非空子集都是频繁项集；非频繁项集的父集也是非频繁项集。

假设算法输入为数据库 D，用户设置的最小支持度为 min_sup，最小置信度为 min_conf，算法输出为关联规则，则 Apriori 算法的执行步骤如下。

❶ 扫描数据库 D，形成候选 1 项集 C_1，记录各候选项集的计算结果。

❷ 计算候选 1 项集 C_1 中项的支持度：如果项的支持度大于最小支持度 min_sup，则将此项放入频繁 1 项集 L_1 中；如果项的支持度小于最小支持度 min_sup，则“剪枝”，不放入频繁 1 项集 L_1 中。

❸ 对频繁 1 项集 L_1 进行排列组合，生成候选 2 项集 C_2。重复以上步骤，直至无法再生成频繁 k+1 项集为止，对应的频繁 k 项集即为结果。

❹ 计算频繁 k 项集中项的置信度：如果项的置信度大于最小置信度 min_conf，则生成强关联规则；如果项的置信度小于最小置信度 min_conf，则将该项从频繁 k 项集中删除。

❺ 输出从数据库中挖掘出的强关联规则。

Apriori 算法的伪代码如下所示。

```
扫描数据库，得到所有的候选 1 项集
计算候选 1 项集中项的支持度，判断是否大于最小支持度
如果大于最小支持度：
    则将其设置为频繁 1 项集
```

```
否则
    将该项删除
对频繁 1 项集进行排列组合，生成候选 2 项集
计算候选 2 项集中项的支持度：
如果大于最小支持度：
    则将其设置为频繁 2 项集
否则
    将该项删除
重复以上步骤，直至生成候选 k 项集
计算候选 k 项集中项的支持度
如果大于最小支持度
    则将其设置为频繁 k 项集
否则
    将该项删除
计算频繁 k 项集中项的置信度
如果大于最小置信度：
    则生成强关联规则
否则
    将该项删除
输出得到的强关联规则
```

2.8.3　时序关联规则算法

在实践中，时间是数据库本身固有的因素。例如，超市记录中的交易时间、病例中的检查和诊断时间等，所以在数据库中常常会发现时态约束问题。时间序列数据的出现，使得我们有必要在关联规则的挖掘过程中考虑时间因素，即时态的约束问题。基于时间序列数据的规则挖掘，以及某种时态约束，可以更好地描述客观现实情况，因而也更有价值。

在工业生产中产生的数据一般为连续的时间序列数据，并且在生产过程中

往往存在多变量耦合、大时滞等问题。由于在工业生产中发生的物化反应众多，仅凭专家经验往往难以获得两个变量，以及多个变量之间的包含时间信息的知识。

若将传统的关联规则算法直接应用于工业数据中，则得到的规则不仅不能包含在时间维度下多变量之间的关系，而且还存在与相关领域的专家经验重复的问题，造成了在实际生产中可应用性不高的现状。时序关联规则算法在传统关联规则算法的基础上考虑了时间维度，所挖掘的规则可以体现多变量之间包含时间信息的知识，从而解决工业生产中存在的多变量耦合及大时滞问题，弥补了专家经验的不足，能够更好地帮助操作者了解工况，并起到辅助决策的作用。

时序关联规则算法是一种通过对时间序列数据进行挖掘，从而得出数据中包含时态信息知识的一种新兴关联规则算法。

从形式上看，通过时序关联规则算法挖掘的时序关联规则，主要可以分为以下 5 种。

1．时序关联规则的基本形式

时序关联规则的基本形式如下：

$$A \xrightarrow{T} B \tag{2.65}$$

式（2.65）表示：当事务 A 发生时，在时间 T 内，事务 B 可能发生。

2．时序关联规则的扩展形式

时序关联规则的扩展形式如下：

$$A \xrightarrow{V,T} B \tag{2.66}$$

式（2.66）表示：当事务 A 在时间 V 内发生的情况下，在 T 时间内，B 事务可能发生。

3．循环（周期）规则

该规则是从时序中找出循环出现（或周期出现）的模式。

4. 基于自定义的时序关联规则

基于自定义的时序关联模式是将单时间序列上的频繁模式，按照一定的时序关系组合形成的时序模式。由这种模式产生的规则称为基于自定义的时序关联规则。常见的时序关系有相同、跟随、相遇、重叠、包含等。

5. 基于日历的循环规则

基于日历的循环规则是在时间序列数据中，按照一定的日历时间规律出现的模式，由这种模式产生的规则称为基于日历的循环规则。

一般情况下，时序关联规则的挖掘有 4 个步骤：时间序列预处理、单时间序列上的频繁模式挖掘、多时间序列上的频繁模式挖掘、生成强关联的时序关联规则。针对不同的时序关联规则形式，应用的频繁模式挖掘框架也不同。

2.8.4 一维时序关联规则

在工人实际操作的过程中，需要了解单个操作变量和单个评价指标之间的知识。一维时序关联规则描述了两个变量在时间尺度下的联系，因此，在工业中应用一维时序关联规则，不仅可以有效反映出在时间维度下两个变量之间的一对一关系，而且对于工人的实际操作具有指导性作用。一维时序关联规则是多维时序关联规则的基础形式，通过介绍一维时序关联规则，可以更容易理解多维时序关联规则。

一维时序关联规则的定义：通过算法挖掘得到规则的前件和后件，仅包含一个变量的规则，并且时间常数为 T（T 可取任意值）。该规则的语言描述为事务 X 出现在时间 t，在 T 时间后，Y 事务将会发生。一维时序关联规则的形式为 $\mathrm{Rule}(X \xrightarrow{T} Y)$。

一维时序关联规则的具体计算方式：首先，找出候选 2 项集；然后，通过一维时序关联规则的支持度，对候选 2 项集进行“剪枝”，得到频繁 2 项集；最后，利用一维时序关联规则的置信度，对频繁 2 项集进行“剪枝”，得出一维时序关联规则。

一维时序关联规则的支持度和置信度计算，对于得出一维时序关联规则十分重要。下面将给出一维时序关联规则的支持度、置信度的计算方法，以及候选项集的生成伪代码。

1．支持度的计算方法

将一维时序关联规则的支持度记为 $\mathrm{TSup}(X \xrightarrow{T} Y)$，其计算公式为

$$\mathrm{TSup}(X \xrightarrow{T} Y)=\frac{F(X,Y,T)}{|D|-T} \tag{2.67}$$

式中，$F(X, Y, T)$表示满足计算条件的事务数，即在事务集 D 中，满足当 X 出现在时间 t，Y 出现在时间 $t+T$ 的条件的事务个数；$|D|$表示所有事务的个数；T 表示时间常数，可人为确定。

一维时序关联规则的支持度计算方法与传统的支持度计算方法不同，具体表现在支持度公式的分子和分母较传统公式均有改进。

传统方法与一维时序关联规则中支持度的计算方法对比如图 2.5 所示。

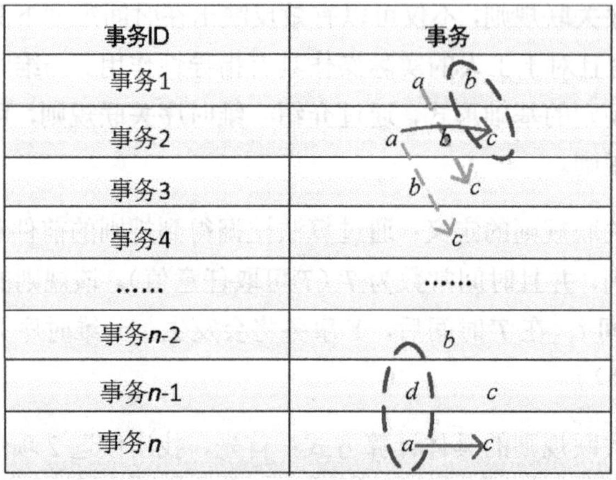

图 2.5　传统方法与一维时序关联规则中支持度的计算方法对比

以图 2.5 为例，若要确定项集(a, c)是否频繁出现，则必须计算该项集的支

持度：实线箭头表示传统方法中支持度的计算方法；虚线箭头表示一维时序关联规则中支持度的计算方法。由于此处考虑了时间常数 T（T 被视为2），所以计算分子的方法发生了变化，有效事务的总数也发生了变化（因为在计算 $\mathrm{TSup}(X \xrightarrow{T} Y)$ 的过程中，虚线圆圈中的两项无法计数）。

2. 置信度的计算方法

通过一维时序关联规则的支持度计算只能找出频繁 2 项集，不能生成规则。因此，下面将给出一维时序关联规则中置信度的计算公式：

$$\mathrm{TConf}(X \xrightarrow{T} Y) = \frac{\mathrm{TSup}(X \xrightarrow{T} Y)}{\mathrm{Sup}(X)} \tag{2.68}$$

$$\mathrm{Sup}(X) = \frac{\mathrm{Count}(X)}{|D|} \tag{2.69}$$

式中，$\mathrm{TSup}(X \xrightarrow{T} Y)$ 表示一维时序关联规则的支持度；$\mathrm{Sup}(X)$表示 X 的支持度；$\mathrm{Count}(X)$表示事务 X 在事务集 D 中出现的总次数；$|D|$表示所有事务的个数。

3. 候选项集的生成伪代码

下面通过伪代码的形式，给出在一维时序关联规则中候选项集的生成方式。

输入： 频繁 1 项集 L_1

输出： 候选 2 项集 C_2

1：在 L_1 中区分时序关联规则的前件和后件。

2：在 L_1 的前件和后件中，分别取出一个事务，记为 p 和 q。

3：将事务 p、q 组合为(p, q)。

4：如果组合得到的结果与之前的结果不重复，则保存至 C_2，否则将该组合删除。

5：重复该过程，直至遍历完所有的组合形式。

6：得到候选 2 项集 C_2

在上述伪代码中，输入 L_1 为频繁 1 项集，通过 Apriori 算法遍历数据库，确定候选 2 项集。其方式与传统的关联规则算法一致，这里不再赘述。

通过上述方法可以得到满足时序条件的候选 2 项集，随后通过一维关联规则的支持度计算公式即可得到满足条件的频繁 2 项集。

2.8.5 多维时序关联规则

虽然通过一维时序关联规则能发现两个变量间的联系，但在实际的工业生产中，可操作变量和评价指标繁多，往往需要以多对多的视角描述变量之间的联系。此时，需要在一维时序关联规则的基础上衍生出多维时序关联规则。

利用多维时序关联规则可以很好地描述多个变量之间的联系，这对于工业生产及实际应用具有重要意义。

多维时序关联规则的定义：通过算法挖掘到的规则前件包含 m 个变量，规则后件包含 n 个变量（m 可以等于 n），并且时间常数为 T（T 可取任意值）。该规则的语言描述为当事务 $X_1,X_2,\cdots,X_m$ 出现在时间 t 时，在 T 时间后，$Y_1,Y_2,\cdots,Y_n$ 等事务将会发生。多维时序关联规则的形式为

$$\text{Rule}(X_1,X_2,\cdots,X_m\xrightarrow{T}Y_1,Y_2,\cdots,Y_n) \tag{2.70}$$

多维时序关联规则的生成方式与一维时序关联规则的生成方式相似，但由于多维时序关联规则的变量多，因此在其支持度的计算上与一维时序关联规则不同。具体表现：首先，生成候选 k 项集（k>2）；然后，通过多维时序关联规则的支持度，对候选 k 项集进行“剪枝”，并生成频繁 k 项集；最后，利用多维时序关联规则的置信度，对频繁 k 项集进行“剪枝”，得出多维时序关联规则。

1. 支持度的计算方法

下面给出多维时序关联规则的支持度计算公式：

$$\begin{aligned}&\text{TSup}(X_1,X_2,\cdots,X_m\xrightarrow{T}Y_1,Y_2,\cdots,Y_n)\\&=\frac{F(X_1,X_2,\cdots,X_m\xrightarrow{T}Y_1,Y_2,\cdots,Y_n)}{|D|-T}\end{aligned}\tag{2.71}$$

式中，$F(X_1,X_2,\cdots,X_m\xrightarrow{T}Y_1,Y_2,\cdots,Y_n)$ 表示满足计算条件的事务总数，计算条件为在数据库 D 中，当 $X_1,X_2,\cdots,X_m$ 同时出现时，在 T 时间后与 $Y_1,Y_2,\cdots,Y_n$ 一起出现的事务。注意：$X_1,X_2,\cdots,X_m$，以及 $Y_1,Y_2,\cdots,Y_n$ 均为不同的变量。T 表示时间常数，可人为确定。

2. 置信度的计算方法

利用多维时序关联规则的支持度计算公式可以找出事务中的频繁项集，但若想得到多维时序关联规则，还需要计算置信度。下面将给出多维时序关联规则的置信度计算公式：

$$\begin{aligned}&\text{TConf}(X_1,X_2,\cdots,X_m\xrightarrow{T}Y_1,Y_2,\cdots,Y_n)\\&=\frac{\text{TSup}(X_1,X_2,\cdots,X_m\xrightarrow{T}Y_1,Y_2,\cdots,Y_n)}{\text{Sup}(X_1,X_2,\cdots,X_m)}\end{aligned}\tag{2.72}$$

式中，$\text{TSup}(X_1,X_2,\cdots,X_m\xrightarrow{T}Y_1,Y_2,\cdots,Y_n)$ 表示多维时序关联规则的支持度；$\text{Sup}(X_1,X_2,\cdots,X_m)$ 表示事务前件的支持度。其计算方式如下：

$$\text{Sup}(X_1,X_2,\cdots,X_m)=\frac{\text{Count}(X_1,X_2,\cdots,X_m)}{|D|}\tag{2.73}$$

式中，$\text{Count}(X_1,X_2,\cdots,X_m)$ 表示事务 $X_1,X_2,\cdots,X_m$ 在事务集 D 中一起出现的个数；$|D|$表示所有事务的个数。

3. 候选项集的生成方法

为了挖掘到关联规则，首先需要生成候选项集。如前所述，由于在时序关联规则中需要考虑时序性的问题，因此，在该规则中，候选项集的生成方法较传统的方法有所不同：时序关联规则需要考虑项集之间的顺序；传统的关联规则不考虑项集之间的顺序，直接以排列组合的方式对项集进行排序，从而得出候选项集。

在时序关联规则的候选项集的生成过程中，必须明确前件和后件。排列组合只能单一地应用于前件或后件，而不能随意地交换前件和后件之间的顺序。假设当前有候选 1 项集(a,b,c)，其中，事务 a 和事务 b 为规则前件，c 为规则后件，则此时生成的时序关联规则的候选 2 项集只能有两项：(a, c) 和(b, c)。

对于多个变量之间的时序关联规则，需要使用多维时序关联规则进行挖掘。但是，由于需要考虑时序的问题，因此传统的候选项集的生成方法并不适用。

下面给出多维时序关联规则中候选项集的生成方法：对频繁 k−1 项集中的所有元素进行排列组合，从而形成频繁 k 项集；因考虑时序的问题，可在频繁 k 项集的生成过程中明确规则的前件和后件，并且 k 项集中的前件必须由 k−1 项集中的前件生成，而 k 项集中的后件必须由 k−1 项集中的后件生成。通过以上方法可以保证生成的 k 项集中的前件和后件没有交叉混乱的现象发生，否则，生成的规则将会变得毫无意义。

4. 候选项集的生成伪代码

下面通过伪代码的形式，给出多维时序关联规则中候选项集的生成方式。

输入：频繁 k−1 项集 L_{k-1}（k>2）

输出：候选 k 项集 C_k

1：将频繁 k−1 项集 L_{k-1} 中的每一项分为两类：前件和后件

2：从频繁 k−1 项集 L_{k-1} 中取出任意两个项集 p 和 q，进行如下 4 种情况的判断。

3：情况 1：如果两个项集的前件个数为 1，且前件不相等：
4：　　如果 p 的后件与 q 的后件相等：
　　　　则将两个项集合并为新的候选 k 项集并保存
5：　　否则
6：　　　删除项集
7：情况 2：如果两个项集 p、q 的前件个数不为 1，但相等：
8：　　如果 p 和 q 的后件个数相等，并且仅有 k-1 个项集相等，但有 1 个不同
9：　　　则合并两个项集的前件，重复的只取一项，保留两种情况下的不同项
10：　如果后件个数不等
11：　　　则删除该项集
12：否则，删除该项集
13：情况 3：如果两个项集的后件个数为 1，并且不同：
14：　　如果两个项集的前件相等：
15：　　　则合并项集，形成候选 k 项集 C_k
16：　　否则，删除该项集
17：情况 4：如果两个项集 p、q 的后件个数不为 1，但相等：
18：　　如果 p 和 q 中的前件个数相等，并且仅有 k-1 个项集相等，但有 1 个不同：
19：　　　如果 p 和 q 的前件都相等：
20：　　　　则合并两个项集的后件，重复的只取一项，保留两种情况下的不同项
21：　　　否则，删除该项集
22：　　否则，删除该项集
23：对 L_{k-1} 中的所有项集重复以上操作，并将满足条件的项集保存
24：生成候选 k 项集 C_k

5. 候选项集的生成实例

为了便于理解多维时序关联规则中候选项集的生成方法，下面将给出一个实例进行说明。

假设有频繁3项集(a, b, c)、(a, b, d)、(a, c, d)及(a, c, e)，其中，a和b为规则前件；c、d、e为规则后件。下面将通过以上4个项集生成候选4项集。

- (a, b, c)和(a, b, d)的前件相同，后件只有1个且不同，满足条件，因此可以生成候选4项集(a, b, c, d)。
- 项集(a, c, d)和项集(a, c, e)的前件个数为1，后件个数相等且只有1个不同，满足条件，因此可以生成候选4项集(a, c, d, e)。
- 项集(a, b, c)和项集(a, c, d)的前件、后件个数不同，不满足生成候选4项集的条件，因此，不能生成候选4项集。其余组合的判别方式与此类似，这里不再赘述。

由上述方法，可以得出关联规则在计算过程中所需的候选项集。而一条有效的关联规则在生成过程中，需要对候选项集进行“剪枝”，满足条件的候选项集将变为频繁项集，用来做进一步的规则生成。

多维时序关联规则生成方法的伪代码如下。

输入：频繁项集L_i（$i \geqslant 2$）

输出：关联规则

1：对L_i中的每个项集进行如下操作：

2：区分出L_i中的规则前件及规则后件

3：利用置信度的计算公式计算频繁项集的置信度

4：对于大于最小置信度的项集，不改变前件、后件顺序，生成强关联规则

5：删除小于最小置信度的项集

6：对所有频繁项集进行如上操作

7：将所得的关联规则输出

2.9　数据分析系统的体系架构

工业大数据是工业人工智能的核心，但从业务规模看，工业大数据的应用还处于发展初期，具有广泛示范作用的成功案例不多，构建工业大数据应用系统所需要的投资不小。更重要的是，对于工业大数据，企业的决策层不仅要有明确的认知，而且还要有战略性的承诺。

目前，企业面对的一个重要挑战是如何着手进行工业大数据的应用开发、推动及实施，以保证所构建的系统在投产后能产生预期的作用，并收回前期的投资成本。

如果没有系统架构作为基础，则很难有效地应对技术和业务上的挑战。因此，制订系统架构是解决这些问题的第一步，也是最为关键的一步。若要解决不同行业间系统的互操作问题，则不同行业间必须对系统的整体架构达成共识。架构用于将不同行业的诉求进行归纳分析，找出关键的共性，并进行抽象及提升。一个通用的系统架构不仅能够为解决不同产业所共有的挑战提供基础，还能够在跨产业的生态系统中实现知识和经验的共享。

数据分析系统的体系架构如图 2.6 所示。

- 数据来源层。从信息来源、采集方式和管理方式等方面保证数据的质量，为上层数据的分析和应用提供保障。
- 数据接口层：实现数据校验和不同数据格式的统一建模。
- 数据存储层：完成工业大数据的高效存入、取出。
- 数据分析层：将低质量、低价值密度的数据，转化为高质量、高价值密度的信息，可以对数据进行关联分析、聚类分析、建模、决策树分析等，从而保证数据的可解读性。
- 数据应用层：根据不同的评估需求对多元动态关联的数据进行评估、预测，实现柔性制造、智能服务、设计协作等，以及物、环境和活动三者之间的关联、影响分析和趋势判断。
- 数据展现层：结合数据可视化展示工具、交互终端展示工具为用户提供面向活动目标的决策支持。

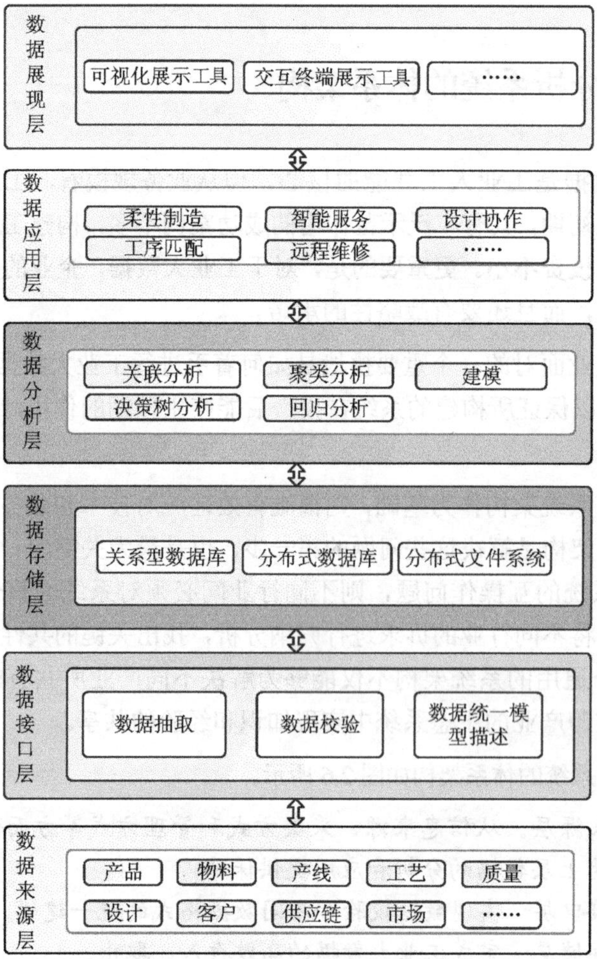

图 2.6 数据分析系统的体系架构

第3章

机 器 学 习

机器学习是人工智能的一个子集，也是人工智能的重要发展方向。机器学习的本质是通过利用计算机系统强大的运算及数据处理能力，借助大量的数据训练、学习获得知识技能，在不断提升自身技能的同时实现人工智能的一种思想。更具体地说，机器学习的过程就是寻找函数的过程：函数输入是样本数据，函数输出是期望的结果。需要注意的是，机器学习的目标是使找到的函数能够很好地适用于“新样本”，而不仅仅是在训练样本上表现很好。

由于机器学习的算法功能高度依赖于开发人员的经验和偏好，因此，人工智能在工业中的应用受到极大限制。换个角度来看，工业人工智能是一门严谨的系统科学，专注于开发、验证和部署面向工业领域的各种不同的机器学习算法。工业人工智能作为一种系统化的方法和规则，为工业应用提供解决方案，也是将学术界研究人工智能的成果与工业应用连接起来的桥梁。

3.1 人类的思考过程与机器学习的过程

人类在成长、生活的过程中积累了很多的历史数据与经验。人类会定期地对这些历史数据与经验进行“归纳”，从而获得生活的“规律”；应用这些“规律”，对未知问题与未来进行“推测”，从而指导自己未来的生活和工作。人类的思考过程如图 3.1 所示。

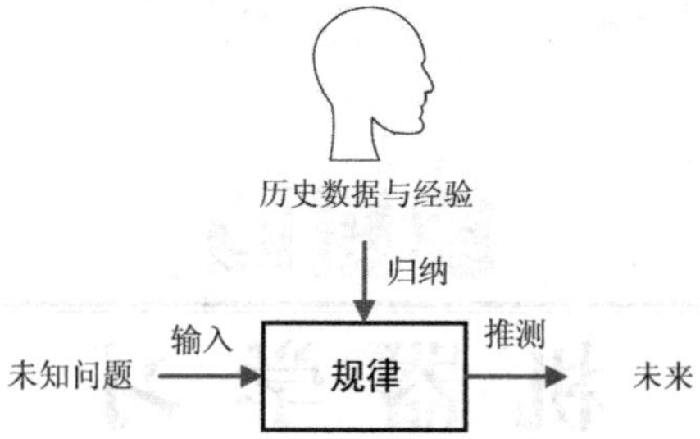

图 3.1　人类的思考过程

机器学习中的“训练”与“预测”过程，可以对应人类的“归纳”和“推测”过程。

❶ 在计算机中存储历史数据。将这些历史数据通过机器学习算法进行归纳。这个归纳过程在机器学习中称为“训练”。

❷ 归纳的结果可以被用来对新的数据进行推测，对新数据的推测过程在机器学习中称为“预测”。

“训练”与“预测”是机器学习的两个过程，“模型”则是过程的中间输出结果，即由“训练”产生“模型”，由“模型”指导“预测”。机器学习的过程如图 3.2 所示。

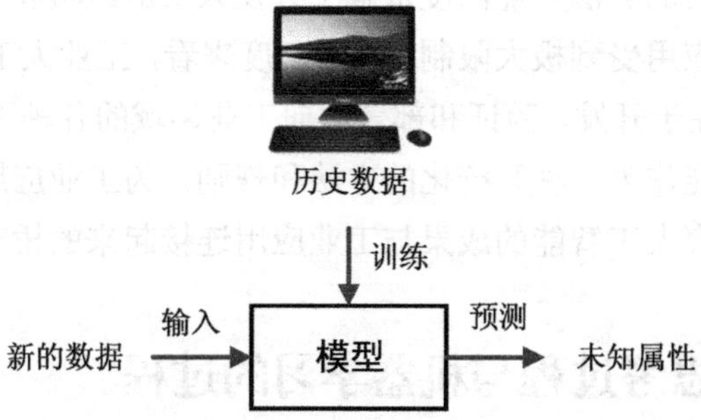

图 3.2　机器学习的过程

机器学习的思想并不复杂，仅仅是对人类学习、成长的模拟。由于机器学习不是基于编程形成的结果，因此，它的处理过程不是因果逻辑，而是通过归纳思想得出的相关性结论。

3.2　机器学习的知识体系

机器学习包含多个交叉学科，同时也在很多方面得到应用。机器学习的知识体系如图 3.3 所示。

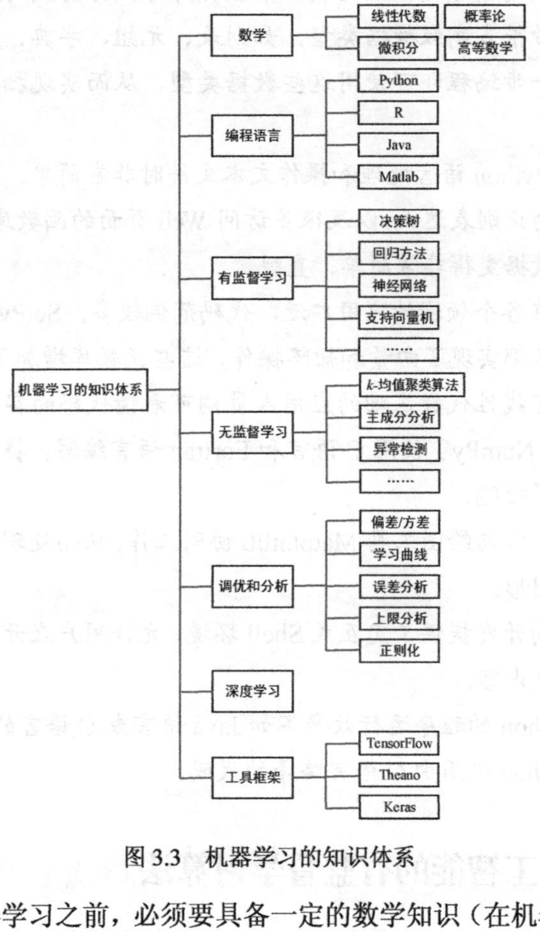

图 3.3　机器学习的知识体系

在开始机器学习之前，必须要具备一定的数学知识（在机器学习算法中涉及公式推导），用到的数学知识包括微积分、概率论、高等数学等；需要掌握一门编程语言，本书重点介绍了 Python 语言；需要掌握有监督学习、无监督学习、深度学习等知识，以及各种工具框架的应用等。

3.3 Python 语言的优势

Python 作为实现机器学习算法的编程语言，具有如下优势：

- Python 具有清晰的语法结构，常被称为可执行伪代码。Python 的开发环境附带很多高级数据类型，如列表、元组、字典、集合、队列等，无须进一步编程即可使用这些数据类型，从而实现抽象数学概念的简单化。
- 在利用 Python 语言处理和操作文本文件时非常简单。Python 语言提供了丰富的正则表达式，以及很多访问 Web 页面的函数库，使得从 HTML 中提取数据变得非常简单、直观。
- Python 在各个领域的应用广泛，代码范例较多。SciPy 和 NumPy 等许多函数库都实现了向量和矩阵操作，这些函数库增加了代码的可读性，具备一定线性代数基础的应用人员均可看懂代码的实际功能。函数库（SciPy、NumPy）使用 C 语言和 Fortran 语言编写，提高了相关应用程序的计算性能。
- Python 可以与绘图工具 Matplotlib 协同工作，从而处理科学研究中经常用到的图形。
- Python 的开发提供了交互式 Shell 环境，允许用户在开发程序时查看和检测程序内容。
- 虽然 Python 的程序运行效率不如 Java 语言或 C 语言的效率高，但可以使用 Python 调用由 C 语言编译的代码。

3.4 工业人工智能的有监督学习算法

根据学习过程中的不同经验，以及在数据训练时是否含有已知数据的标签，机器学习可以大致分为有监督学习、无监督学习、半监督学习。

- 有监督学习是利用一组已知类别的样本调整分类器的参数，使其达到所要求性能的过程。用户将成对的输入和预期输出数据提供给算法：输入一般为一组特征向量；输出为其期望值（离散的或连续的值），即算法根据给定输入，给出预期输出。在这个过程中，从成对的输入、输出中进行学习的机器学习算法称为有监督学习算法。
- 无监督学习是训练样本不包含标签信息的学习任务。在现实生活中常常遇到这样的问题：因缺乏足够的先验知识，难以人工标注类别，或者进行人工类别标注的成本太高。此时，很希望计算机能代替我们完成这些工作，至少提供一些帮助。这种根据类别未知（没有标签）的训练样本解决模式识别中各种问题的过程，称为无监督学习。无监督学习的典型实例是聚类（输入实例没有类标签）。例如，可以将一个手写数字图像集合作为输入，假设找出了 10 个数据簇（这些簇分别对应 0~9 这 10 个不同的数字），由于训练数据并无标签，因此，学习到的模型并不能告诉我们这些簇的语义。
- 半监督学习是有监督学习与无监督学习相结合的一种学习方法。在学习模型时，将使用带标签的实例和不带标签的实例：带标签的实例用于学习模型；不带标签的实例用于进一步改进类边界。

有监督学习与无监督学习的区别如图 3.4 所示：图 3.4（a）表示将带标签的样本进行分类，分界线两边为不同的类（一类为圈，另一类为叉）；图 3.4（b）表示基于变量 $x1$ 和 $x2$ 对无标签的样本（表面上看起来都是圈）进行聚类（Clustering）。

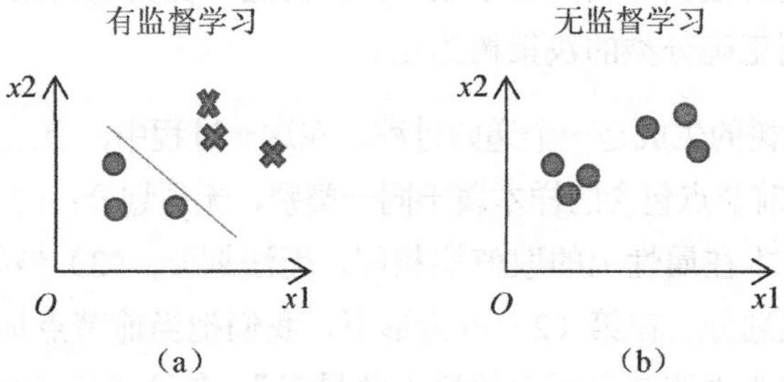

图 3.4　有监督学习与无监督学习的区别

常用的有监督学习算法包含决策树算法、回归算法、支持向量机算法等。

3.4.1 决策树算法

决策树是一种从无次序、无规则的样本数据集中，推理出以树为表示形式的分类规则方法。决策树属于一种预测模型，是常用的分类算法，代表的是一种对象属性与对象值之间的映射关系。决策树的每个节点都代表一个目标，分叉路径代表每个目标的属性值。不同的决策树表示不同的树形结构，可以根据分支种类对目标属性进行分类，还可以依靠对源数据库的分割进行数据测试。此过程可以概括为对决策树的修剪，如果不能被继续分割，则表示该过程已经完成。决策树模型将不同数据通过树形结构进行相应分类，从而使计算机自身能够对数据进行智能选择和处理，并实现自我学习。

树中节点可分为两类：内部节点和叶子节点。一个内部节点（非叶子节点）表示在一个属性上的测试；一个叶子节点（或终端节点）存放一个类别，也就是说，每一种可能的值和一条边一一对应。

在构建决策树时，其输入是一组带有类标签的数据，构造的结果是一棵二叉树或多叉树。

生成决策树的过程：从训练集中选取一个子集（子集中有多个实例），利用这些子集构建一棵决策树，剩下的训练集用于检验所建决策树的准确度；如果决策树能正确地对实例分类，则该过程结束；如果某实例的分类有误，则该实例将被添加到所选训练实例的子集中，并构建一棵新的决策树，直到创建一棵能对所有实例正确分类的决策树为止。

显然，决策树的生成是一个递归过程。在这一过程中，有三种情形会导致递归返回：（1）当前节点包含的样本属于同一类别，无须划分；（2）当前属性集为空，或者所有样本在属性上的取值均相同，无法划分；（3）当前节点包含的样本集为空，不能划分。在第（2）种情形下，我们把当前节点标记为叶子节点，并将其类别设定为“该节点所含的样本数最多”；在第（3）种情形下，同样把当前节点标记为叶子节点，但将其类别设定为“其父节点所含的样本量最多”。

第（2）种情形是利用当前节点的后验分布，第（3）种情形则是把父节点的样本分布作为当前节点的先验分布。

决策树算法通常是一个递归地选择最优特征，并根据该特征对训练数据进行分割，使得各个子数据集（也称子集）有一个最优分类的过程。这一过程对应着对特征空间的划分，也对应着决策树的构建。

决策树算法的执行过程如下。

❶ 构建根节点，将所有训练数据都放在根节点，选择一个最优特征，按照这一特征将训练集分割成子集，使得各个子集有一个在当前条件下最好的分类。

❷ 如果这些子集能够被正确分类，则构建叶子节点，并将这些子集分配到对应的叶子节点中。

❸ 如果还有子集不能被正确分类，则为这些子集选择新的最优特征，继续对其进行分割，构建相应的节点，直至所有子集都能被正确分类，或者没有合适的特征为止。

❹ 每个子集都被分配到叶子节点中，即都有了明确分类，从而生成了决策树。

决策树算法的优点如下：

- 易于理解和实现。
- 数据的准备操作简单。
- 能够同时处理数据型和常规型属性。
- 在相对较短的时间内，能够对大型数据源获得可行且效果良好的结果。
- 对缺失值不敏感。
- 可以处理不相关特征的数据。
- 决策树只需要一次构建，便可反复使用，效率较高。每一次预测的最大计算次数不超过决策树的深度。

决策树算法的缺点如下：

- 对连续型字段的预测效果不佳。
- 对有时间顺序的数据，需要执行很多预处理的工作。
- 当类别太多时，错误可能会增加。
- 在处理特征关联性比较强的数据时，表现得不是太好。

信息论是量化处理信息的分支科学，在划分数据集的前后，信息发生的变化称为信息增益。集合信息的度量方式称为香农熵，或者信息熵。

假设在当前样本集D中，第k类样本所占比例为p_k（$k=1,2,\cdots,|y|$），则D的信息熵定义为

$$\mathrm{Ent}(D)=-\sum_{k=1}^{|y|}p_k\log_2 p_k \tag{3.1}$$

由上式可知，$\mathrm{Ent}(D)$的值越小，D的纯度越高。

假设离散属性a有V个可能的取值$\{a^1,a^2,\cdots,a^V\}$，若使用a对样本集D进行划分，则会产生V个分支节点。其中，第v个分支节点包含了D中所有在属性a上取值为a^v的样本，记为D^v。可根据式（3.1）计算出D^v的信息熵，考虑到不同的分支节点包含的样本数不同，可给分支节点赋予权重$|D^v|/|D|$，即样本数越多的分支节点，其影响越大，进而可计算出用属性a对样本集D进行划分所获得的信息增益：

$$\mathrm{Gain}(D,a)=\mathrm{Ent}(D)-\sum_{v=1}^{V}\frac{|D^v|}{|D|}\mathrm{Ent}(D^v) \tag{3.2}$$

一般来说，信息增益越大，使用属性a进行划分所获得的纯度越高。因此，我们可以通过信息增益确定划分样本集的属性。

决策树的构建方法及步骤如下：

❶ 计算样本集中属性的信息熵。

❷ 计算样本集中属性的信息增益。

❸ 选择信息增益最大的属性进行样本集划分。

❹ 以此类推，继续划分，直至生成一棵决策树。

决策树算法的应用案例：判断影响打网球的相关因素

影响打网球的相关因素如表3.1所示。

表3.1 影响打网球的相关因素

天气	温度	湿度	是否有风	是否打网球
晴	热	高	否	否
晴	热	高	是	否
阴	热	高	否	是
雨	温度适宜	高	否	是
雨	凉	中	否	是
雨	凉	中	是	否
阴	凉	中	是	是
晴	温度适宜	高	否	否
晴	凉	中	否	是
雨	温度适宜	中	否	是
晴	温度适宜	中	是	是
阴	温度适宜	高	是	是
阴	热	中	否	是
雨	温度适宜	高	是	否

应用决策树算法判断影响打网球的相关因素的具体步骤如下。

❶ 构建训练样本。基于天气对训练样本进行划分的示意图如图3.5所示。

❷ 计算训练样本的信息熵。训练样本（用来构建决策树的数据集）包含9个“是”和5个“否”，对应的信息熵为

$$\mathrm{Ent}(9,5)=-\frac{9}{14}\log\frac{9}{14}-\frac{5}{14}\log\frac{5}{14}=0.940 \qquad (3.3)$$

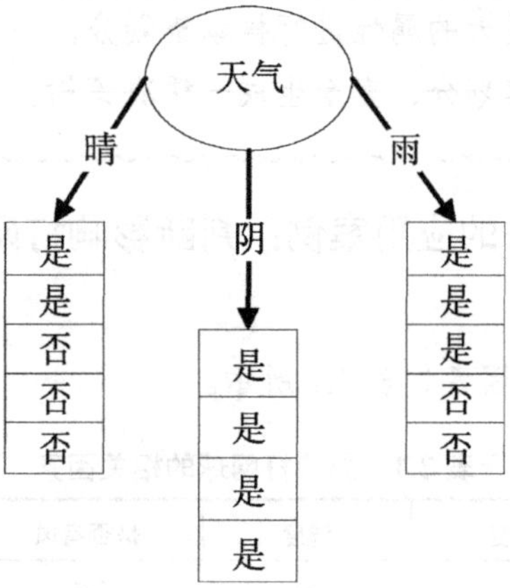

图 3.5 基于天气对训练样本进行划分的示意图

❸ 计算各叶子节点的信息熵。对不同天气与是否打网球的数据整理如表 3.2 所示。不同叶子节点（晴、阴、雨）的“是”和“否”的个数分别是 $[2,3]$、$[4,0]$ 和 $[3,2]$，这些叶子节点的信息熵为

$$\text{晴：} \mathrm{Ent}(2,3)=0.971$$
$$\text{阴：} \mathrm{Ent}(4,0)=0$$
$$\text{雨：} \mathrm{Ent}(3,2)=0.971$$

表 3.2 对不同天气与是否打网球的数据整理

天气	是	否	合计
晴	2	3	5
阴	4	0	4
雨	3	2	5
合计	9	5	

❹ 计算利用天气属性对样本集进行划分所获得的信息增益：

$$\mathrm{Gain}\left([2,3],[4,0],[3,2]\right)=\frac{5}{14}\mathrm{Ent}[2,3]+\frac{5}{14}\mathrm{Ent}[4,0]+\frac{5}{14}\mathrm{Ent}[3,2] \qquad (3.4)$$
$$=0.693$$

❺ 依次计算每棵树的信息增益：

Gain(天气)=0.247

Gain(温度)0.029

Gain(湿度)=0.152

Gain(风)=0.048

❻ 利用获得最大信息增益的属性进行样本集划分，即选择天气作为树的根节点进行样本集划分，湿度是次佳选择。

3.4.2 回归算法

回归算法是机器学习中的重要算法，主要原因有两个：回归算法比较简单，是从统计学迁移到机器学习的算法，也是两者之间的桥梁；回归算法是若干机器学习算法的基石。回归算法有两个子类：线性回归和逻辑回归。

1. 线性回归

（1）多元线性回归

在回归分析中，如果有两个或两个以上的自变量，则称该回归分析为多元线性回归。事实上，一种现象常常是与多个因素相联系的，即由多个自变量的最优组合共同预测或估计因变量，比只用一个自变量进行预测或估计更为有效、更加符合实际情况。因此，多元线性回归比一元线性回归的实用意义更大。

（2）岭回归

假设在实际应用中，设计矩阵 $\boldsymbol{X}$ 的列向量之间具有较强的线性相关性，即自变量之间出现严重的多重共线性，如果继续使用普通最小二乘法估计模型参数，则会造成参数估计方差过大的情况，并且得到的回归系数是无意义的。此时可应用岭回归模型，即在自变量之间存在多重共线性或者自变量个数多于观测样本数的情况下应用岭回归模型，可取得较好的效果。

对于多元线性回归模型，在使用最小二乘法估计参数时，其目标函数为

$$\min E_{\boldsymbol{\omega}} = \left\|\boldsymbol{y} - \boldsymbol{X\omega}\right\| = \left(\boldsymbol{y} - \boldsymbol{X\omega}\right)^{\mathrm{T}}\left(\boldsymbol{y} - \boldsymbol{X\omega}\right) \tag{3.5}$$

式中，y 为因变量向量。

为保证回归系数$\boldsymbol{\omega}$可求，岭回归模型在上述目标函数中加入了一个L2范数的惩罚项，即

$$\begin{aligned}\min E_{\boldsymbol{\omega}} &= \|\boldsymbol{y}-\boldsymbol{X}\boldsymbol{\omega}\|^2+\lambda\|\boldsymbol{\omega}\|^2 \\ &= (\boldsymbol{y}-\boldsymbol{X}\boldsymbol{\omega})^{\mathrm{T}}(\boldsymbol{y}-\boldsymbol{X}\boldsymbol{\omega})+\lambda\boldsymbol{\omega}^{\mathrm{T}}\boldsymbol{\omega}\end{aligned} \tag{3.6}$$

式中，$\lambda>0$。

令$\frac{\partial E_{\boldsymbol{\omega}}}{\partial \boldsymbol{\omega}}=0$，通过求解得

$$\boldsymbol{\omega}^*(\lambda)=(\boldsymbol{X}^{\mathrm{T}}\boldsymbol{X}+\lambda\boldsymbol{I})^{-1}\boldsymbol{X}^{\mathrm{T}}\boldsymbol{y} \tag{3.7}$$

由于L2范数惩罚项的加入，使得$(\boldsymbol{X}^{\mathrm{T}}\boldsymbol{X}+\lambda\boldsymbol{I})$非奇异，进而能对该矩阵求逆。但也由于惩罚项的加入，使得回归系数$\boldsymbol{\omega}$的估计不再是无偏估计。因此，岭回归是以放弃无偏性、降低精度为代价来解决病态矩阵问题的回归方法。其中，λ称为岭参数。因岭参数λ不是唯一的，所以得到的岭回归估计$\boldsymbol{\omega}^*(\lambda)$是回归系数$\boldsymbol{\omega}$的一个估计族。当岭参数$\lambda$在$(0,\infty)$内变化时，$\boldsymbol{\omega}_j^*(\lambda)$是关于$\lambda$的函数，可在直角坐标系中将函数$\boldsymbol{\omega}_j^*(\lambda)$的轨迹绘制出来，绘制的曲线称为岭迹。合理的$\lambda$值可以较好地平衡模型的方差和偏差。

下面给出两种确定岭参数λ的常用方法。

① 岭迹法

绘制出所有回归系数的岭迹，并利用如下原则确定合适的λ值：

- 各回归系数的岭回归估计基本稳定。
- 在利用最小二乘法估计参数时，可能会有回归系数的正负号不合理的情况，但是应用岭回归后，回归系数的正负号将变得合理。
- 回归系数没有不合理的情况。
- 残差平方和的增长不多。

② 方差因子扩大法

计算岭回归估计$\boldsymbol{\omega}_j^*(\lambda)$的协方差矩阵，有

$$
\begin{aligned}
D\left(\boldsymbol{\omega}_j^*(\lambda)\right) &= \mathrm{Cov}\left(\boldsymbol{\omega}_j^*(\lambda), \boldsymbol{\omega}_j^*(\lambda)\right) \\
&= \mathrm{Cov}\left((\boldsymbol{X}^{\mathrm{T}}\boldsymbol{X}+\lambda\boldsymbol{I})^{-1}\boldsymbol{X}^{\mathrm{T}}\boldsymbol{y}, (\boldsymbol{X}^{\mathrm{T}}\boldsymbol{X}+\lambda\boldsymbol{I})^{-1}\boldsymbol{X}^{\mathrm{T}}\boldsymbol{y}\right) \\
&= (\boldsymbol{X}^{\mathrm{T}}\boldsymbol{X}+\lambda\boldsymbol{I})^{-1}\boldsymbol{X}^{\mathrm{T}}\mathrm{Cov}\left(\boldsymbol{y},\boldsymbol{y}\right)\boldsymbol{X}\,(\boldsymbol{X}^{\mathrm{T}}\boldsymbol{X}+\lambda\boldsymbol{I})^{-1} \\
&= \sigma^2\left((\boldsymbol{X}^{\mathrm{T}}\boldsymbol{X}+\lambda\boldsymbol{I})^{-1}\boldsymbol{X}^{\mathrm{T}}\boldsymbol{X}\,(\boldsymbol{X}^{\mathrm{T}}\boldsymbol{X}+\lambda\boldsymbol{I})^{-1}\right) \\
&= \sigma^2\boldsymbol{c}(\lambda)
\end{aligned}
\tag{3.8}
$$

式中，矩阵$\boldsymbol{c}(\lambda)=(\boldsymbol{X}^{\mathrm{T}}\boldsymbol{X}+\lambda\boldsymbol{I})^{-1}\boldsymbol{X}^{\mathrm{T}}\boldsymbol{X}\,(\boldsymbol{X}^{\mathrm{T}}\boldsymbol{X}+\lambda\boldsymbol{I})^{-1}$，其对角元素$c_{jj}(\lambda)$为岭回归估计的方差扩大因子，$c_{jj}(\lambda)$随着$\lambda$的增大而减小。应用方差扩大因子选择$\lambda$的正确做法：选择$\lambda$，使得所有方差扩大因子$c_{jj}(\lambda)\leqslant 10$。当上述条件满足时，所对应的$\lambda$值的岭回归估计$\boldsymbol{\omega}_j^*(\lambda)$会相对稳定。

（3）多项式回归

利用多项式回归可以处理非线性问题，即根据微积分的知识，任一函数都可以分段，并利用多项式来逼近。下面给出几种常见的多项式回归模型。

① 一元二次多项式回归模型

$$y_i=\omega_0+\omega_1 x_i+\omega_2 {x_i}^2+e_i \quad i=1,\cdots,m \tag{3.9}$$

② 一元三次多项式回归模型

$$y_i=\omega_0+\omega_1 x_i+\omega_2 {x_i}^2+\omega_3 {x_i}^3+e_i \quad i=1,\cdots,m \tag{3.10}$$

③ 一元d次多项式回归模型

一般地，当假定变量y与x的关系为

$$
\begin{cases}
y_i=\omega_0+\omega_1 x_i+\omega_2 {x_i}^2+\cdots+\omega_d {x_i}^d+e_i \quad i=1,\cdots,m \\
e_1,e_2,\cdots,e_m\text{相互独立，并且}e_i\sim N\left(0,\sigma^2\right)
\end{cases}
\tag{3.11}
$$

则称式（3.11）为一元 d 次多项式回归模型。其中，x_i为第 i 次观测值；$\omega_0,\omega_1,\cdots,\omega_d$为未知参数。

式（3.11）容易转化为多元线性回归问题，令

$$x_1 = x,\ \ x_2 = x^2, \cdots,\ x_d = x^d \tag{3.12}$$

则式（3.11）转化为

$$\begin{cases} y_i = \omega_0 + \omega_1 x_{i1} + \omega_2 x_{i2} + \cdots + \omega_d x_{id} + e_i & i = 1, \cdots, m \\ e_1, e_2, \cdots, e_m \text{相互独立，并且} e_i \sim N\left(0, \sigma^2\right) \end{cases} \tag{3.13}$$

该模型中的 $\omega_0, \omega_1, \cdots, \omega_d$ 可利用线性回归中的最小二乘法求得。

最小二乘法的思想是假设拟合出的直线代表数据的真实值，而观测到的数据代表拥有误差的值。为了尽可能减小误差的影响，需要求解一条直线，使得所有误差的平方和最小。最小二乘法将最优问题转化为求函数的极值问题。

④ 二元二次多项式回归模型

$$y_i = \omega_0 + \omega_1 x_{i1} + \omega_2 x_{i2} + \omega_3 x_{i1}{}^2 + \omega_4 x_{i2}{}^2 + \omega_5 x_{i1} x_{i2} + e_i \qquad i = 1, \cdots, m \tag{3.14}$$

在该模型的回归系数中，含有自变量的线性相关系数 ω_1 和 ω_2、二次项系数 ω_3 和 ω_4、交叉乘积项系数 ω_5。系数 ω_5 又称为交互影响系数，用于表示 x_{i1} 和 x_{i2} 的交互作用。

2. 逻辑回归

逻辑回归是一种广义上的线性回归分析，常用于数据挖掘、经济预测等。从本质上说，逻辑回归属于二分类问题。

二分类问题是指预测的值只有两个取值（0 或 1）。二分类问题可以扩展到多分类问题。例如，我们要做一个垃圾邮件过滤系统，x 是邮件的特征，预测的 y 值是邮件的类别（垃圾邮件或正常邮件）。通常将类别分为正类（Positive Class）和负类（Negative Class）。在垃圾邮件过滤系统的实例中，正类是正常邮件，负类是垃圾邮件。

在逻辑回归模型中，因变量只有 1 和 0（是和否，发生和不发生）两种取值。假设在 p 个独立自变量 X（$x_1, x_2, \cdots, x_p$）的作用下，y 取 1 的概率是 $p = P\left(y = 1 | X\right)$，取 0 的概率是 $1 - p$，则定义 y 取 1 和 0 的概率比为事件的

优势比 odds，对 odds 取自然对数，即可得到逻辑变换 $\text{Logit}(p)=\ln\left(\dfrac{p}{1-p}\right)$。令 $\text{Logit}(p)=z$，则 $p=\dfrac{1}{1+\mathrm{e}^{-z}}$。该函数为 Sigmoid 函数，其函数曲线如图 3.6 所示。

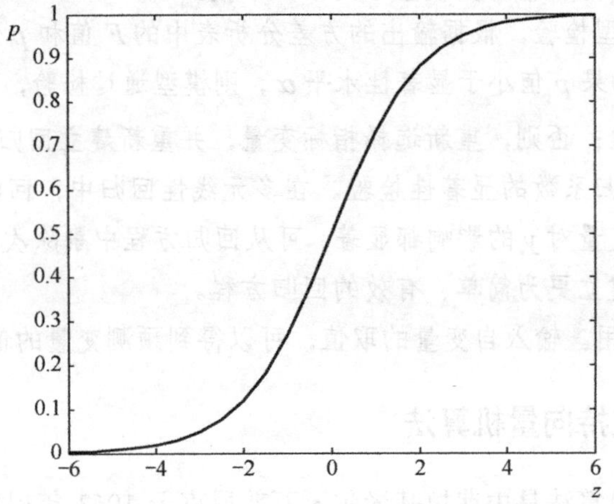

图 3.6　Sigmoid 函数曲线

逻辑回归模型是建立 $\ln\left(\dfrac{p}{1-p}\right)$ 与自然变量的线性回归模型。逻辑回归模型的公式为

$$\ln\left(\frac{p}{1-p}\right)=\beta_0+\beta_1 x_1+\cdots+\beta_p x_p+\varepsilon \tag{3.15}$$

式中，ε 为极小值，可忽略。令 $g(x)=\beta_0+\beta_1 x_1+\cdots+\beta_p x_p$，得到

$$p=P(y=1|X)=\frac{1}{1+\mathrm{e}^{-g(x)}} \tag{3.16}$$

$$1-p=P(y=0|X)=1-\frac{1}{1+\mathrm{e}^{-g(x)}}=\frac{1}{1+\mathrm{e}^{g(x)}} \tag{3.17}$$

逻辑回归模型的建模步骤如下。

❶ 确定因变量和自变量。

❷ y 取 1 的概率为 p，y 取 0 的概率为 $1-p$，用 $\ln\left(\frac{p}{1-p}\right)$ 和自变量列出线性回归方程，并且估计出模型中的回归系数。

❸ 进行模型检验，根据输出的方差分析表中的 F 值和 p 值检验该回归方程是否显著：如果 p 值小于显著性水平 α，则模型通过检验，可以进行下一步回归系数的检验；否则，重新选择指标变量，并重新建立回归方程。

❹ 进行回归系数的显著性检验。在多元线性回归中，回归方程显著并不意味着每个自变量对 y 的影响都显著，可从回归方程中剔除次要的、可有可无的变量，重新建立更为简单、有效的回归方程。

❺ 模型应用。输入自变量的取值，可以得到预测变量的值。

3.4.3 支持向量机算法

支持向量机算法是由弗拉基米尔•万普尼克于 1963 年提出的机器学习方法，目的是降低结构风险、提高机器学习的普遍性、减少经验风险和置信范围，从而在样本量较小时，也可以得到令人满意的结果。支持向量机算法的基本思想是通过引入核函数的概念，将原本在低维的线性不可分问题，映射到高维特征空间后，变成线性可分的问题，从而继续应用线性可分的知识解决问题。支持向量机算法在文本分类、模式识别、时间序列分析、图像处理、生物序列分析、股票趋势预测、手写字符识别等领域有很多应用。通过支持向量机算法进行科学研究，以及指导实际生产、生活正在变得越来越流行和高效，为提高我们的生产、生活效率发挥了重要作用。

1. 线性支持向量机

对于线性可分支持向量机（也称线性支持向量机），寻找最优超平面的示意图如图 3.7 所示。

图 3.7 中的圆和叉代表两类样本，利用中间的实线分离两类样本，两边的虚线和中间的实线平行。这两条虚线是两类样本与中间实线距离最短的线，称

为分类间隔。最优分类线是一种不仅能够正确区分两种类型的样本，而且分类间隔还能最大化的分类线。

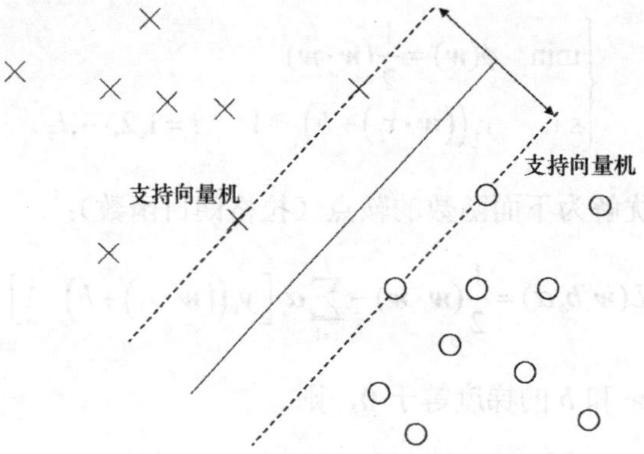

图 3.7 寻找最优超平面的示意图

标准化分类并确保线性可分的样本集 Q 满足以下情况（对于任意点(x_i,y_i)）：

$$y_i\left(\left(\boldsymbol{w}\cdot x_i\right)+b\right)\geqslant 1 \quad i=1,2,\cdots,l \tag{3.18}$$

式中，$\boldsymbol{w}$ 为法向量，用于确定超平面的方向；b 为位移项，用于确定超平面与原点的距离。

目前的分类间隔恰好等于 $2/\|\boldsymbol{w}\|$，若想使分类间隔最大，则应使 $2/\|\boldsymbol{w}\|$ 最大。能够确保 $2/\|\boldsymbol{w}\|$ 最大的分类平面就是最优超平面，位于两条虚线上不同类型的训练样本的样本点被称为支持向量机。支持向量机的重要作用就是找到分类间隔最大的超平面，即最优超平面，使得分类能有最大的准确率。根据统计学理论的知识可知，一个规范超平面的指示函数集为

$$h(x)=\operatorname{sgn}[(\boldsymbol{w}\cdot x)+b] \tag{3.19}$$

使之满足 VC 维理论，即

$$h\leqslant \min\left(\left[R^2A^2\right],m\right)+1 \tag{3.20}$$

式中，$\operatorname{sgn}[\cdot]$ 为符号函数；m 为向量空间的维数；R 为覆盖样本空间的超球半径；$\|\boldsymbol{w}\|\leqslant A$。

由以上分析可知，在样本线性可分时，可将寻找最优超平面的问题转化为求解二次规划的问题，即

$$\begin{cases}\min \quad \phi(\boldsymbol{w})=\dfrac{1}{2}(\boldsymbol{w}\cdot\boldsymbol{w}) \\ \text{s.t.} \quad y_i\left((\boldsymbol{w}\cdot x_i)+b\right)\geqslant 1 \qquad i=1,2,\cdots,l\end{cases} \tag{3.21}$$

式（3.21）的最优解为下面函数的鞍点（拉格朗日函数）：

$$L(\boldsymbol{w},b,\alpha)=\frac{1}{2}(\boldsymbol{w}\cdot\boldsymbol{w})-\sum_{i=1}^{l}\alpha_i\left[y_i\left((\boldsymbol{w}\cdot x_i)+b\right)-1\right] \tag{3.22}$$

由于在鞍点处，$\boldsymbol{w}$ 和 b 的梯度等于 0，则

$$\frac{\partial L}{\partial \boldsymbol{w}}=\boldsymbol{w}-\sum_{i=1}^{l}\alpha_i y_i x_i=0 \Rightarrow \boldsymbol{w}=\sum_{i=1}^{l}\alpha_i y_i x_i \tag{3.23}$$

$$\frac{\partial L}{\partial b}=\sum_{i=1}^{l}\alpha_i y_i=0 \Rightarrow \sum_{i=1}^{l}\alpha_i y_i=0 \tag{3.24}$$

依据 KKT 原理可知，最优解满足下面的等式，即

$$\alpha_i\left(y_i\left(\boldsymbol{w}\cdot x_i+b\right)-1\right)=0, \quad \forall_i \tag{3.25}$$

支持向量机的系数不等于 0，因此，可得出 $\boldsymbol{w}$ 的表达式：

$$\boldsymbol{w}=\sum\alpha_i y_i x_i \tag{3.26}$$

把式（3.23）、式（3.24）分别代入式（3.21）中，将创建最优超平面的问题转换成求解一个比较简单的二次规划问题，即

$$\begin{aligned}&\max_{\alpha}\sum_{i=1}^{l}\alpha_i-\frac{1}{2}\sum_{i=1}^{l}\sum_{j=1}^{l}\alpha_i\alpha_j y_i y_j\left(x_i\cdot x_j\right) \\ &\text{s.t.}\sum_{i=1}^{l}\alpha_i y_i=0 \qquad \alpha_i\geqslant 0 \qquad i=1,2,\cdots,l\end{aligned} \tag{3.27}$$

如果 α^* 为式（3.27）的一个解，则

$$(\boldsymbol{w}\cdot\boldsymbol{w})=\sum\alpha_i^*\alpha_j^*y_iy_j\left(x_ix_j\right) \tag{3.28}$$

把 α_i 不等于 0 代入式（3.25），可以求出 b 的值。对于给定的未知样本 x，只要计算

$$\operatorname{sgn}[(\boldsymbol{w}\cdot x)+b] \tag{3.29}$$

就可以判断出未知样本 x 属于哪一类的样本。然而在现实生活中，绝大多数的数据并非是线性可分的。即使在线性可分的情况下，因各种因素的叠加也会导致训练集中的不良标记严重影响最优超平面。为了解决这一问题，可引入松弛变量的概念，允许存在一定范围内的误差。在约束项中添加的松弛项为

$$y_i\left(\left(\boldsymbol{w}\cdot x_i\right)+b\right)\geqslant 1-\xi_i \quad \xi_i\geqslant 0 \quad i=1,2,\cdots,l \tag{3.30}$$

此刻的目标函数转化为

$$\phi(\boldsymbol{w},\xi)=\frac{1}{2}(\boldsymbol{w}\cdot\boldsymbol{w})+C\sum_{i=1}^{l}\xi_i \tag{3.31}$$

式中，C 为可以调动的参数，表示对错误的惩罚大小，C 越大表示惩罚越严重。在式（3.30）的约束下，寻找最大间隔支持向量机的问题就转化为最小化式（3.31）的问题。上述模型被称为软间隔线性支持向量机。这个模型求解的是凸二次规划问题，其最优结果为拉格朗日的鞍点，即

$$L(\boldsymbol{w},b,\alpha)=\frac{1}{2}(\boldsymbol{w}\cdot\boldsymbol{w})+C\sum_{i=1}^{l}\xi_i-\sum_{i=1}^{l}\alpha_i\left\{y_i\left(\boldsymbol{w}\cdot x_i+b\right)+\xi_i-1\right\}-\sum_{i=1}^{l}\beta_i\xi_i \tag{3.32}$$

式中，$\alpha_i\geqslant 0$；β_i 为拉格朗日乘子。

依据 KKT 定理可知，最优解满足

$$\begin{cases}\dfrac{\partial L}{\partial\xi_i}=C-\alpha_i-\beta_i=0\\ \alpha_i\left(y_i\left(\boldsymbol{w}\cdot x_i+b\right)+\xi_i-1\right)=0,\forall_i\\ \alpha_i,\beta_i,\xi_i\geqslant 0,\forall_i\\ \beta_i\cdot\xi_i=0,\forall_i\end{cases} \tag{3.33}$$

为了解决构建超平面的问题，可将该问题转化为对偶二次规划的问题，即

$$\begin{cases} \max\limits_{\alpha} \sum\limits_{i=1}^{l} \alpha_i - \dfrac{1}{2} \sum\limits_{i=1}^{l} \sum\limits_{j=1}^{l} y_i y_j \alpha_i \alpha_j \left(x_i \cdot x_j \right) \\ \text{s.t. } 0 \leqslant \alpha_i \leqslant C \qquad \sum\limits_{i=1}^{l} y_i \alpha_i = 0 \qquad i = 1, 2, \cdots, l \end{cases} \tag{3.34}$$

2. 非线性支持向量机

虽然线性支持向量机便于理解和计算，但在现实生活中，各种复杂的应用场景往往并不适合利用线性支持向量机来解决，而应该寻找更一般化的解决方法，即非线性支持向量机。非线性支持向量机将输入样本 x 映射到高维空间，并在高维空间中进行线性分类，对其算法描述如下。

通过非线性映射 $\phi : R^m \to H$ 将 x 映射到高维希尔伯特空间中，并定义为

$$K(x, y) = \phi(x) \cdot \phi(y) \tag{3.35}$$

非线性支持向量机的目标函数为：

$$W(\alpha) = \sum_{j=1}^{l} \alpha_i - \frac{1}{2} \sum_{i=1}^{l} \sum_{j=1}^{l} y_i y_j \alpha_i \alpha_j K\left(x_i \cdot y_j \right) \tag{3.36}$$

对应的分类函数为

$$f(x) = \text{sgn}[w \cdot \phi(x) + b] = \text{sgn}\left[\sum_{i=1}^{l} y_i \alpha_i K\left(x_i \cdot x \right) + b \right] \tag{3.37}$$

式中，$K\left(x_i \cdot x \right)$ 为核函数。

实际上，核函数用于将原本在低维线性不可分的样本映射到高维希尔伯特空间，得到线性可分的情况。核函数重视最终的结果，对于在中间过程中如何进行映射和变换并不关心。这种非线性扩展在计算方面并不比线性计算复杂很多。在引入核函数之后，支持向量机不仅可在线性可分的条件下取得不错的效果，而且在线性不可分时也能具有较好的性能。选择不同的核函数，就可以生成不同的支持向量机，目前常用的核函数有如下几种。

（1）多项式核函数

$$K(x,y)=[(x\cdot y)+1]^q \tag{3.38}$$

（2）向基核函数（RBF）

$$K(x,y)=\exp\left(-\frac{\| x-y\|^2}{\sigma^2}\right) \tag{3.39}$$

（3）多层感知器核函数（Sigmoid 函数）

$$K(x,y)=\tanh[v(x\cdot y)+c] \tag{3.40}$$

使用核函数实现内积运算的效果，等效为在高维特征空间中解决线性可分问题，并且计算的难度并没有像内积那样难以计算。核函数在进行选择时，一般没有特定的标准，通常基于现实中需要解决的特定问题选择相应的核函数。有些使用者在建立支持向量机模型时，会先采用不同的核函数，再通过效果对比确定采用哪个核函数。

3. 支持向量机回归

在样本是有限集的情况下，支持向量机可对其分类。如果训练样本不是有限集时，如训练集 $S=\{(x_1,y_1),\cdots,(x_i,y_i)\mid x_i\in\mathbb{R},y_i\in\mathbb{R}\}$，则支持向量机难以对其分类，由此引入了支持向量机回归的概念。

支持向量机回归通过创建拟合函数，求解二次凸规划问题、找到最优解决方案，并得到最优拟合函数。当处理所给数据集 $S=\{(x_1,y_1),\cdots,(x_i,y_i)\mid x_i\in\mathbb{R},y_i\in\mathbb{R}\}$ 时，可用非线性变换 ϕ 将数据样本映射到高维希尔伯特空间中，构造最优拟合函数 $y(x)=\boldsymbol{w}\cdot\phi(x)+b$（$\boldsymbol{w}$ 是高维希尔伯特空间中的向量，用于指示大小和方向；b 表示最优拟合函数的偏移量）。

支持向量机回归的标准形式为

$$\min_{\boldsymbol{w},b,\xi,\xi^*}\frac{1}{2}\boldsymbol{w}^{\mathrm{T}}\boldsymbol{w}+C\sum_{i=1}^{n}\left(\xi_i+\xi_i^*\right) \tag{3.41}$$

约束条件为

$$\begin{cases} \boldsymbol{w}^{\mathrm{T}}\phi(x_i)+b-y_i \leqslant \varepsilon+\xi_i \\ y_i-\boldsymbol{w}^{\mathrm{T}}\phi(x_i)-b \leqslant \varepsilon+\xi_i^* \quad i=1,2,3,\cdots,n \\ \xi_i,\xi_i^* \geqslant 0 \end{cases} \tag{3.42}$$

式中，C为惩罚系数；ε为不敏感系数；ξ_i和ξ_i^*为松弛变量。

在$\sum_{i=1}^{n}(a_i-a_i^*)=0$、$0 \leqslant a_i,a_i^* \leqslant C$、$i=1,2,3,\cdots,n$的条件下，令目标函数最大化，可得到

$$\max \sum_{i=1}^{n}(a_i^*-a_i)y_i-\varepsilon\sum_{i=1}^{n}(a_i^*+a_i)-\frac{1}{2}\sum_{i,j=1}^{n}(a_i^*-a_i)(a_j^*-a_j)K(x_i,x_j) \tag{3.43}$$

通过式（3.43）可得到近似回归函数：

$$f(x)=\sum_{i=1}^{n}(a_i^*-a_i)K(x_i,x_j)+b \tag{3.44}$$

有监督学习算法的工业应用案例

下面以预测高炉生产中的一氧化碳利用率为例进行说明。其中，用于训练和测试的数据共有 1000 组，包括风量、风压、顶压、风温、氧增强比、顶温、理燃等，输出变量为一氧化碳利用率。

对原始数据进行异常值处理后，原先的 1000 组数据剩余 985 组（剔除 15 组数据）。调用 train_test_split 函数（这个函数的作用是实现数据集的随机划分），将 985 组数据随机划分为两部分：一部分为训练集数据，用来训练模型，另一部分为测试集数据，用来测试模型的预测效果。其中，训练集的数据有 739 组，约占总数据的四分之三；测试集的数据有 246 组，约占总数据的四分之一。

根据上述分类搭建预测模型：训练集数据用来训练支持向量机模型；测试集数据用来测试预测数据的准确率和偏差。

参数的设置对模型的性能而言至关重要。为了选取最好的参数，这里采取交叉验证方法，即不指定参数，而是通过交叉验证让机器自己设置各种参数，并选择最优参数建立模型。

经过反复调整和分析，为使模型达到最优性能，可确定如下参数：模型选取的分类器为支持向量机；需要通过交叉验证的参数包括核函数、核函数的系数，以及惩罚系数；准确度的评价标准为MSE；交互检验模式的折数为10；并行计算的作业数为4；神经网络采用1层结构；隐藏层的节点数为100；将隐藏层的激活函数设置为ReLu；权重的优化算法为lbfgs；最大迭代次数为1000；学习率为0.001。

3.5 工业人工智能的无监督学习算法

3.5.1 聚类算法

无监督学习主要解决的是聚类问题。聚类中的“类”是具有相似性的集合。聚类是将数据集划分为若干类，使得类间的数据最为相似，各类之间的数据相似度差别尽可能大。聚类分析就是以相似性为基础，对数据集进行聚类划分。数据集是由很多样本组成的集合，有时也将样本称为数据点。

1. *k*–均值聚类算法

在*k*–均值聚类算法中，参数变量为*k*，表示将*n*个对象聚成*k*个簇，最终的聚类结果使得簇内对象具有较高的相似度，而簇间对象的相似度较低。

k–均值聚类算法是一个反复迭代的过程，算法分为4个步骤：

❶ 选取数据空间中的*k*个对象作为初始中心，每个对象代表一个聚类质心。

❷ 对于样本中的数据对象，根据它们与这些聚类质心的欧氏距离（按距离最近的准则），将它们分到距离它们最近的聚类质心（最相似）所对应的类。

❸ 更新聚类质心：将每个类别中所有对象对应的均值作为该类别的聚类

质心，并计算目标函数的值。

❹ 判断聚类质心和目标函数的值是否发生改变：若不变，则输出结果；若改变，则返回❷。

k–均值聚类算法基于质心的划分技术，使用簇 C_i 的质心 c_i 代表该簇。簇的质心是它的中心点。质心可以用多种方法定义，如用分配给该簇的对象均值或中心点定义。对象 $p \in C_i$ 与该簇的质心 c_i 之差用 $\text{dist}(p,c_i)$度量，其中，$\text{dist}(x,y)$表示两个点 x 和 y 之间的相似性度量值（如欧几里得距离、余弦相似度、皮尔逊系数等）。E 是 C_i 中所有对象和质心 c_i 之间的误差平方和，定义为

$$E = \sum_{i=1}^{k} \sum_{p \in C_i} \text{dist}(p, c_i)^2 \tag{3.45}$$

式中，p 表示数据对象；c_i 是簇 C_i 的质心。

k–均值聚类算法具有如下优点。

- 该算法能根据较少的已知聚类样本的类别，对决策树进行“剪枝”，从而确定部分样本的分类。
- 该算法本身具有优化迭代功能，在已经求得的聚类基础上，可再次进行迭代，修改“剪枝”后的部分样本分类，从而优化初始无监督学习样本中分类不合理的地方，克服少量样本聚类的不准确性。
- 该算法可以降低总的聚类时间复杂度。

k–均值聚类算法具有如下缺点。

- k 是事先给定的，并且难以估计。很多时候，事先并不知道给定的数据集应该分成多少个类别才最合适。
- 在 k–均值聚类算法中，需要根据初始聚类质心确定一个初始划分，并对初始划分进行优化。初始聚类质心的选择对聚类结果有较大影响，一旦初始值选择不好，则可能无法得到有效的聚类结果。
- 该算法需要不断地进行样本分类和调整，不断地计算调整后的新的聚类质心，因此当数据量非常大时，算法的时间开销也是非常大的。

k–均值聚类算法的伪代码如下。

从 D 中随机选择 k 个样本作为初始均值向量 $\{\mu_1,\mu_2,\cdots,\mu_k\}$

重复：

令 $C_i=\varnothing$（$1\leqslant i\leqslant k$）

对于 $j=1,2,\cdots,m$：

　　计算样本 x_j 与各均值向量 μ_i（$1\leqslant i\leqslant k$）的距离：$d_{ji}=\|x_j-\mu_i\|^2$

　　根据距离最近的均值向量确定 x_j 的簇标记：$\lambda_j=\operatorname{argmin}_{i\in\{1,2,\cdots,k\}}d_{ji}$

　　将样本 x_j 划入相应的簇：$C_{\lambda_j}=C_{\lambda_j}\cup\{x_j\}$

结束

对于 $i=1,2,\cdots,k$：

　　计算新的均值向量：$\mu_i'=\dfrac{1}{|C_i|}\sum_{x\in C_i}x$

　　如果 $\mu_i'\neq\mu_i$：

　　　　则将当前均值向量 μ_i 更新为 μ_i'

　　否则：

　　　　保持当前的均值向量不变

　　结束

结束

直到当前均值向量均未更新

得到簇划分 $C=\{C_1,C_2,\cdots,C_k\}$

---

2. AP 聚类算法

AP 聚类算法（Affinity Propagation Clustering Algorithm）是一种高效的基于数据点间的信息传递的聚类算法。其核心思想是以数据点偏离簇质心的误差最小化为目标来寻找一组聚类质心。相较于 k–均值聚类算法，AP 聚类算法无须人工设定聚类簇数，依靠信息传递机制的迭代循环便可寻找最优聚类簇数。在这种信息传递机制中，主要包含两类信息：吸引度和归属度。通过数据点之间的相似度矩阵，可迭代计算数据点的吸引度矩阵 $\boldsymbol{R}$ 和归属度矩阵 $\boldsymbol{A}$。若数据点的 $\boldsymbol{R}(k,k)+\boldsymbol{A}(k,k)>0$，则判断其为聚类质心。算法的终止条件是迭代次数超过设置的最大值或质心稳定不变。

假设数据集 $X=\{x_1,x_2,\cdots,x_N\}$，其中，$x_i=\{x_{i1},x_{i2},\cdots,x_{id}\}$表示一个数据点，$d$ 表示数据点的维度。AP 聚类算法的计算步骤如下。

❶ 计算相似度矩阵 $\boldsymbol{S}$：利用各数据点之间的相关系数表示相似度，即

$$\boldsymbol{S}(i,j)=\begin{cases} r(x_i,x_j) & i\neq j \\ p(i) & i=j \end{cases} \tag{3.46}$$

式中，$p(i)$为初始偏向度，表示数据点 x_i 作为聚类质心的偏向程度，该值越大，表示该数据点作为聚类质心的可能性越大。通常情况下，取数据点之间相似度最小的值作为其初始值。

❷ 完成信息传递：AP 聚类算法通过传递各数据点之间的吸引度矩阵 $\boldsymbol{R}$ 和归属度矩阵 $\boldsymbol{A}$ 来完成聚类。其中，$\boldsymbol{R}(i,j)$表示数据点 x_j 作为数据点 x_i 聚类质心的适合程度，表示的是从 i 到 j 的信息；$\boldsymbol{A}(i,j)$表示数据点 x_i 作为数据点 x_j 聚类质心的适合程度，表示的是从 j 到 i 的信息。于是有

$$\boldsymbol{R}(i,j)=\boldsymbol{S}(i,j)-\min_{j'\neq j}\left\{\boldsymbol{A}(i,j')+\boldsymbol{S}(i,j')\right\} \tag{3.47}$$

$$\boldsymbol{A}(i,j)=\begin{cases} \min\left\{0,\boldsymbol{R}(j,j)+\sum\limits_{i'\notin\{i,j\}}\max\left\{0,\boldsymbol{R}(i',j)\right\}\right\} & i\neq j \\ \sum\limits_{i'\neq j}\max\left\{0,\boldsymbol{R}(i',j)\right\} & i=j \end{cases} \tag{3.48}$$

由于公式（3.47）和式（3.48）具有一定的振荡性，即收敛速度慢，因此引入阻尼因子λ，$\lambda\in(0,1)$，则信息传递过程可简化为

$$\boldsymbol{R}(i,j)^{t+1}=(1-\lambda)\times\boldsymbol{R}(i,j)^{t+1}+\lambda\times\boldsymbol{R}(i,j)^{t} \tag{3.49}$$

$$\boldsymbol{A}(i,j)^{t+1}=(1-\lambda)\times\boldsymbol{A}(i,j)^{t+1}+\lambda\times\boldsymbol{A}(i,j)^{t} \tag{3.50}$$

❸ 确定聚类质心：如果 x_j 要作为 x_i 的聚类质心，那么

$$x_j = \operatorname{argmax}\left\{\boldsymbol{A}(i,j)+\boldsymbol{R}(i,j)\right\} \tag{3.51}$$

即当 i 一定时，令 $\boldsymbol{A}(i,j)+\boldsymbol{R}(i,j)$ 的最大值 x_j 为 x_i 的聚类质心。当循环次数达到设置的最大迭代次数或者聚类质心不再变化时，迭代终止。将满足公式（3.51）的数据点作为质心，将其他数据点分配到相应的簇中，从而完成 AP 聚类算法。

AP 聚类算法的伪代码如下。

```
计算 D 中各样本点间的相似度矩阵 S
设置初始偏向度 p(i)
重复：
    利用 S 更新吸引度矩阵 R
    利用 S 更新归属度矩阵 A
    判断迭代次数
结束
通过 A(i,j)+R(i,j)>0 是否成立来确定聚类初始质心
将样本 x_i 划入相应的簇：C_j = C_j ∪ {x_i}
```

---

3. Index-k 均值聚类算法

为了使聚类算法能从数据集中选择最优初始质心，以及自动确定最优聚类簇数（k 的大小），可以根据最大/最小距离原理在 k-均值聚类算法中进行初始质心的选取，进而根据有效指数确定最优聚类簇数 k。

基于最大/最小距离原理的初始质心选取过程如下：

❶ 从数据集 $D=\{x_1,x_2,\cdots,x_n\}$ 中，选取一个与其他样本相似度最大的样本作为第 1 个质心，记为 $z_1=x_t$，其中，$t=1,2,\cdots,n$。

❷ 从数据集 D 中找出与 z_1 之间的距离 $d(z_1,x_i)$ 最大的 x_i（$i=1,2,\cdots,n$）作为第 2 个质心，记为 $z_2=x_i$。

❸ 分别计算数据集 D 中其余样本到 z_1 和 z_2 的距离，记为 d_{j1} 和 d_{j2}，取

$d_a = \max\{\min(d_{j1}, d_{j2})\}$。其中，$j$=1,2,⋯,$n$。若 $d_a>\theta\times d_{12}$（θ为阈值；d_{12}表示 z_1 与 z_2 之间的距离），则取 x_j 为第 3 个质心，记为 $z_3=x_j$。

❹ 若 z_3 存在，则计算 $d_b = \max\{\min(d_{q1}, d_{q2}, d_{q3})\}$，$q = 1,2,\cdots,n$。若 $d_b>\theta\times d_{12}$，则取 x_q 为第 4 个质心，记为 $z_4=x_q$。若 z_3 不存在，则进行下一步操作。以此类推，直到最大/最小距离不大于$\theta\times d_{12}$，寻找质心的计算才能结束。

❺ 利用获得的初始质心进行 k–均值聚类：若对聚类结果不满意，可重新选取参数θ与第 1 个聚类质心 z_1，并返回执行❷；若对聚类结果满意，则结束聚类算法。

有效指数的度量方法是将有效指数准则与 k–均值聚类算法结合，通过动态调整参数 k，使最终的聚类结果达到最优。

基于有效指数确定最优聚类簇数 k 的方法如下：为了使簇内数据具有最大相似度，应令簇内数据与簇质心的距离最小。这个距离决定了簇内数据的内聚性。同时，簇间距离应尽可能大，从而使簇与簇之间的数据相异度最大，即相似度最小。有效指数的计算公式为

$$\text{Validity}(k) = \frac{\text{Intra}(k)}{\text{Inter}(k)} \tag{3.52}$$

$$\text{Intra}(k) = \frac{1}{N}\sum_{i=1}^{k}\sum_{x\in C_i}\| x - z_i \|^2 \tag{3.53}$$

式中，k 表示聚类簇数；z_i 表示 C_i 的质心；N 表示数据集中的数据点个数。

$$\text{Inter}(k) = \min_{i,j}(\| z_i - z_j \|)^2 \tag{3.54}$$

式中，i=1,2,3,⋯,k−1；j=i+1,i+2,i+3,⋯,k。

在有效指数中，Inter(k)的目的是寻找最小的簇间距离。有效指数通过计算 Validity(k)的最小值来确定 k 值。其中，$2\leqslant k\leqslant k\max$，并且 $k<<N$，即最优聚类簇数 k 远小于数据的个数 N。

基于上述两个问题，有学者提出了 Index–k 均值聚类算法。Index–k 均值

聚类算法根据最大/最小距离原理选取算法的初始质心，并利用有效指数寻找最优聚类簇数 k，从而解决 k–均值聚类算法无法适用于具有较强相关性数据集且数据质心易偏移的情况。

Index–k 均值聚类算法的伪代码如下。

输入：包含 N 个数据对象的数据集 $D=\{x_1,x_2,\cdots,x_n\}$

输出：最优聚类簇数 k，以及每个簇内包含的数据子集

1：选取 $k\max$

2：对于 k=2,3,⋯,$k\max$：

3：　从 D 中选取与其他样本相似度最大的样本，记为 $z_1=x_t$（t=1,2,⋯,n）;

4：　从 D 中找出 x_i（i=1,2,⋯,n），使得 z_1 与 x_i 之间的距离 $d(z_1,x_i)$最大，记为 $z_2=x_i$。

5：　计算样本到质心 z_1 和 z_2 的距离，即 d_{j1} 和 d_{j2}，取 $d_a=\max\{\min(d_{j1},d_{j2})\}$（$j$=1,2,⋯,$n$）

6：　若 $d_a>\theta\times d_{12}$，则取 x_j 为第 3 个质心，记为 $z_3=x_j$。

7：　重复：

8：　　令 $C_i=\varnothing$（$1\leqslant i\leqslant k$）;

9：　　对于 j=1,2,⋯,N:

10：　　　计算样本 x_j 与各均值向量 z_i（$1\leqslant i\leqslant k$）的距离：$d_{ji}=\|x_j-z_i\|^2$;

11：　　　根据距离最近的均值向量确定 x_j 的簇标记：$\lambda_j=\mathrm{argmin}_{i\in\{1,2,\cdots,k\}}\, d_{ji}$;

12：　　　将样本 x_j 划入相应的簇：$C_{\lambda_j}=C_{\lambda_j}\cup\{x_j\}$;

13：　　　结束

14：　　对于 i=1,2,⋯,k:

15：　　　计算新的均值向量：$z_i'=\dfrac{1}{|C_i|}\sum_{x\in C_i}x$

16：　　　如果 $z_i'\neq z_i$：

17：　　　　则将当前均值向量 z_i 更新为 z_i';

18：　　　否则：

```
        保持当前均值向量不变
      结束
    结束
    直到当前均值向量均未更新
    计算聚类簇数 k 的有效指数 Validity(k)
    将 Validity(k)与 Validity(k-1)进行比较，始终保存使 Validity 最小的 k 值
得到簇划分 C={C1,C2,···,Ck}
```

3.5.2 自动编码器

自动编码器是一种无监督学习的算法，主要用于数据降维或特征提取。输入数据的高效表示称为编码，其维度一般远远小于输入数据，因此自动编码器可用于降维。更重要的是，自动编码器可作为强大的特征检测器，应用于深度神经网络的预训练中。此外，自动编码器还可以随机生成与训练数据类似的数据，即生成模型。自动编码器属于神经网络的一种，可以把每一层都理解为输入数据在不同特征空间的映射。为了尽可能地达到对输入数据复现的要求，自动编码器需要找到最能代表原始数据的特征表示，就像主成分分析那样，找到可以代表原始数据的主要成分。由于神经网络模型可以提取更为有效的新特征，因此，与主成分分析方法相比，自动编码器的性能更强：除了可以进行特征降维外，通过自动编码器学习到的新特征可以被送入有监督学习的模型中，所以自动编码器还可以起到特征提取器的作用。

图 3.8 是一个三层自动编码器的网络结构，实际上该结构相当于带有一个隐藏层的多层感知器的神经网络：隐藏层的左侧为输入层、右侧为输出层。对于自动编码器来说，隐藏层包含的神经元个数被限制（小于输入和输出的神经元个数）。自动编码器的应用可分为两个过程：对原始数据进行非线性降维、有损压缩的编码过程；将降维的特征向量，通过非线性映射到输出层，以实现原始数据重构的解码过程。

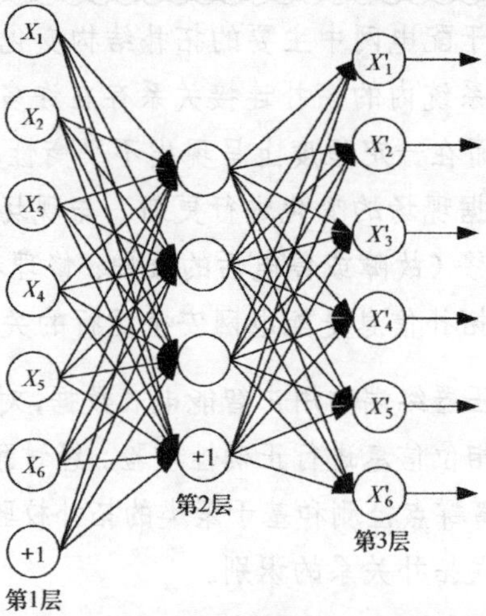

图 3.8　三层自动编码器的网络结构

不同于神经网络，自动编码器是无监督的，不需要借助除了输入数据外的其他信息，如标签等，就可以得到数据在其他特征空间的特征表示，并且当隐藏层的维度低于输入层的维度时，相当于对数据进行了非线性的降维操作。自动编码器的函数表达如式（3.55）所示。其目的就是通过学习网络的参数输入和偏置，使得函数的输出尽可能地重构输入。

$$h_{w,b} \approx x \tag{3.55}$$

如果要使输入、输出的损失尽量小，那么目标函数应如式（3.56）所示。除此之外，还需要对输入数据进行标准化操作，以满足网络的输出恒定在 0 和 1 之间。

$$J(w,b) = \frac{1}{m}\sum_{i=1}^{m}(x'-x)^2 \tag{3.56}$$

无监督学习算法的工业应用案例

下面以电力系统配电网的拓扑校验应用为例进行说明。电网 GIS 系统用于记录配电网的电气设备信息及拓扑结构的连接信息（主要是用户与配电变压器的关系)。由于配电网中主要的拓扑结构变化或者电网 GIS 系统长期得不到更新，因此系统内的拓扑连接关系存在许多错误。同时，三相负荷是随机变化的，进而在一定程度上呈现出不平衡性，增加了线路的损耗。连接模型并不总是根据现场的变化进行更新，与现场的实际连接相比，准确性会随着时间的推移（故障或停电后的维护、修理和恢复活动）而降低。因此，能否准确掌握拓扑信息是配电网安全运行的关键。

通过智能配电变压器终端和用户智能电表数据，对配电网 GIS 中设备的电气连接关系和用户相位信息进行正确性校验。经过预处理操作后，得到输入数据，并利用基于离群点检测和基于聚类的拓扑校验算法，给出用户拓扑校验结果，实现对错误拓扑关系的识别。

1. 使用 AP 算法将用户集分成多簇

通过用户电压曲线间的相关性，迭代计算用户的吸引度矩阵 $\boldsymbol{R}$ 和归属度矩阵 $\boldsymbol{A}$，依据“$\boldsymbol{R}(k,k)+\boldsymbol{A}(k,k)>0$”是否成立判断聚类质心。当迭代次数超过最大值或聚类质心不再发生变化时，终止迭代，同时将其余的用户分配到相应的簇中。

设置用户集 $X=\{x_1, x_2,\ldots, x_N\}$，其中，$x_i=\{x_{i1}, x_{i2},\ldots, x_{id}\}$，代表一个用户的电压数据，$d$ 表示时间维度。AP 算法的执行步骤如下。

（1）计算相似度矩阵 $\boldsymbol{S}$

利用各用户电压数据间的相关系数表示相似度，即

$$\boldsymbol{S}(i,j)=\begin{cases} r(x_i,x_j) & i\neq j \\ p(i) & i=j \end{cases} \tag{3.57}$$

（2）完成信息传递

通过各用户电压数据的吸引度矩阵 $\boldsymbol{R}$ 和归属度矩阵 $\boldsymbol{A}$ 的相互传递完成聚类。其中，$\boldsymbol{R}(i,j)$表示用户 x_j 作为用户 x_i 聚类质心的适合程度，表示的是从 i 到 j 的信息；$\boldsymbol{A}(i,j)$表示用户 x_i 作为用户 x_j 聚类质心的适合程度，表示的是从 j 到 i 的信息。

（3）确定聚类质心

如果用户 x_j 要作为用户 x_i 的聚类质心，则

$$x_j = \operatorname{argmax}\{\boldsymbol{A}(i,j)+\boldsymbol{R}(i,j)\} \tag{3.58}$$

（4）终止迭代

当达到最大迭代次数，或者经过多次迭代后聚类质心未发生变化，则此时终止迭代。

2. 计算各簇的质心

计算各簇的质心作为质心集 V' 的数据时间序列。具体数据的计算公式为

$$v_{ij}' = \frac{\sum_{k=1}^{|D_i|} v_{kj}}{|D_i|} \tag{3.59}$$

式中，v_{kj} 表示第 i 簇内的用户 k 的数据；D_i 表示第 i 簇内的用户集合；v_{ij}' 表示第 i 簇内时间 j 的数据。

通过计算，可以得到各簇的质心集 $V'=\{v_1', v_2', \ldots, v_n'\}$，其中，$v_n'$ 表示第 n 簇的质心。

3. 对各簇质心进行离群点检测，计算局部离群程度值

重新计算质心集 $V'=\{v_1', v_2', \ldots, v_n'\}$ 之间的相关系数，以便作为离群点检测算法中质心数据的相似性度量，并基于离群点检测算法对其进行离群程度校验。当检测出质心 v_i' 为离群点时，即表示第 i 簇用户为原数据集的离群组用户，进而实现对错误拓扑关系的识别。

3.6 机器学习的主要挑战及应对方法

3.6.1 机器学习的主要挑战

机器学习的主要挑战是我们的算法必须能够在未观测到的新输入数据（称

为测试集）上表现良好，而不能只在训练集上表现良好。

下面给出几个定义。

- 泛化：在先前未观测到的输入数据上表现良好的能力。简单来说，泛化就是在测试集上表现如何。
- 训练误差：机器学习模型在训练集上表现出的误差。
- 测试误差或泛化误差：在任意一个测试数据样本上表现出的误差期望值。
- 模型的容量：拟合各种函数的能力（可以表示多少种曲线）。

在统计学习理论中，有一个假设：训练集和测试集中的每一个数据样本都是从同一个概率分布中相互独立产生的（独立同分布假设）。基于独立同分布假设，给定任意一个机器学习模型及其参数，它的训练误差的期望值和泛化误差都是一样的。

在机器学习的过程中，模型的参数并不是事先给定的，而是通过训练数据的学习得出的：模型的参数通过不断训练，使得训练误差不断降低。所以，如果模型参数是通过训练数据学习得出的，那么训练误差的期望值不会高于泛化误差。换句话说，通常情况下，由训练数据学习得到的模型参数会使模型在训练数据上的表现不差于在测试数据上的表现。训练误差的降低不一定意味着泛化误差的降低。机器学习既需要降低训练误差，又需要降低泛化误差。

提升机器学习算法效果的因素有两个：

- 降低训练误差。
- 缩小泛化误差与训练误差的差值。

这两个因素对应两个挑战：欠拟合和过拟合。可以通过调整模型的容量，控制模型是否偏向于欠拟合或者过拟合：容量低的模型很难拟合训练集，即欠拟合；容量高的模型容易发生过拟合。

- 欠拟合指的是模型在训练和预测时表现都不好的情况，没有捕捉到数据特征的结构，不能在训练集上获得足够小的误差（训练误差太大）。一个欠拟合的机器学习模型不是一个良好的模型。欠拟合通常不被讨论，因为在给定一个评估模型表现指标的情况下，欠拟合很容易被发现。训练时只要增大模型的复杂度或减小正则化参数，便可提升模型的拟合能力。

- 过拟合指的是模型对于训练数据拟合程度过当的情况，即训练误差与泛化误差的差距太大。

下面主要介绍产生过拟合的原因，以及解决过拟合的方法。

1. 产生过拟合的原因

当某个模型因过度学习，使得训练数据包含太多的细节和噪声，以至于模型在新的数据上表现很差时，我们称发生了过拟合。这意味着训练数据中的噪声或者随机波动也被当作概念被模型学习了。而问题在于这些概念不适用于新的数据，从而导致模型的泛化性能变差。

在无参数非线性模型中，因学习目标函数的过程易变并且具有弹性，因此更有可能发生过拟合。例如，决策树就是一种无参数机器学习算法，非常有弹性，并且容易受过拟合训练数据的影响。此时，可以通过对学习后的决策树进行“剪枝”来解决，从而移除一些学习到的细节。

2. 解决过拟合的方法

通常情况下，可通过降低模型的复杂度、增加样本数量来解决过拟合问题。一般来说，增加样本数量是比较难的，而且在数据集多、模型复杂度高时，即便能获得好的泛化结果，也会增大计算量。常见的处理方式为通过正则化方法降低模型的复杂度，从而解决过拟合问题。

正则化方法（一般有L1正则化与L2正则化等）是在进行目标函数或代价函数优化时，在目标函数或代价函数后加上一个正则项。

L1正则化基于L1范数，即在目标函数后加上参数的L1范数，应用的公式为

$$C=C_0+\frac{\lambda}{n}\sum_{w}|w| \tag{3.60}$$

式中，C_0 代表原始的代价函数；n 是样本的个数；λ 是正则项系数，用于权衡正则项与 C_0 项的比值。

sgn 是符号函数，可使用下式对参数进行更新：

$$w=w+\alpha\frac{\partial C_0}{\partial w}+\beta\frac{\lambda}{n}\operatorname{sgn}(w) \tag{3.61}$$

从式（3.61）可以看出，当 w 为正时，更新后的 w 会变小；当 w 为负时，更新后的 w 会变大。因此，L1 正则项通过令那些原先处于零（即$|w|\approx 0$）附近的参数 w 往零移动，使得部分参数为零，从而降低模型的复杂度（模型的复杂度由参数决定），防止发生过拟合，以及提高模型的泛化能力。

3.6.2 应对挑战的主要方法

1. 交叉验证

通常情况下，模型对训练集的拟合程度较好，对训练集之外的数据的拟合程度较差。为了提高机器学习的泛化能力，可采用交叉验证的方式对模型进行训练。它的基本思想是将原始数据分组：一部分作为训练集来训练模型；另一部分作为测试集来评价模型。交叉验证用于评估模型的预测性能，尤其是训练好的模型在新数据上的表现，可以在一定程度上防止发生过拟合，还可以从有限的数据中获取尽可能多的有效信息。

在有限样本下，k–折叠交叉验证是最简单且最广泛使用的泛化误差估计方法。k–折叠交叉验证将训练集的 $1/k$ 作为测试集，每个模型训练 k 次，测试 k 次，最终错误率为 k 个错误率的平均值，选择错误率最小的模型作为训练模型。k–折叠交叉验证的执行步骤如下。

❶ 将全部训练集 S 分成 k 个不相交的子集，假设 S 中的训练样例个数为 m，那么每个子集有 m/k 个训练样例，相应的子集为$\{S_1,S_2,\cdots,S_k\}$。

❷ 每次从模型集合 M 中选择一个子集，再在训练子集中选择 k–1 个子集（也就是每次只留下一个），使用这 k–1 个子集进行训练后，得到假设函数。使用剩下的一个子集作为测试样例，得到一个错误率。

❸ 由于每次留下一个子集，因此会得到 k 个错误率，那么对于一个模型而言，其错误率是这 k 个错误率的平均值。

❹ 选出错误率最小的模型，再使用全部训练集 S 进行一次训练。通过已知的数据和目标，调节算法的参数。最后得到的映射，就是针对这个问题训练出来的模型。

k-折叠交叉验证的优点：计算开销仅是进行 k 次运算，远小于其他交叉验证的开销；缺点：虽然在交叉验证中常常令 k 为 2、5、10 等，但 k 的取值仍是一个未解决的问题。

2. 选择合适的算法

在工业应用中如何选择合适的算法呢？需要考虑以下问题。

- 考虑使用机器学习算法的目的。例如，想要预测目标变量的值，则可以选择有监督学习算法。在确定选择有监督学习算法后，需要进一步确定目标变量的类型，如目标变量为离散型（是/否、1/2/3、A/B/C 等），则可以选择分类器算法；如果目标变量为连续型数值，如 0～100 等，则需要选择回归算法。如果不想预测目标变量的值，则可选择无监督学习算法，并进一步分析是否需要将数据划分为离散的分组，如果需要，则可以使用聚类算法；如果还需要估计数据与每个分组的相似程度，则需要使用密度估计算法。在大多数情况下，上述给出的选择方法可以帮助大家选择恰当的机器学习算法，但这也并非一成不变。
- 考虑数据的特性：特征值是离散型变量还是连续型变量；在特征值中是否存在缺失值，缺失值是由何种原因造成的；在数据中是否存在异常值等。

在工业人工智能中，机器学习算法的应用步骤如下。

❶ 准备输入数据。收集工业人工智能应用涉及的相关数据，并确保数据符合要求。例如，有些算法要求特征值使用特定的字符串类型；有些算法则要求特征值是整数类型。

❷ 分析输入数据。查看数据中是否存在空值，以及是否存在明显的异常

值，可通过一维、二维或三维的图形化方法展示所有特征。

❸ 训练数据。训练数据是机器学习的核心。将前两个步骤得到的格式化数据输入到算法中，并从中抽取有用的知识或信息。

❹ 测试算法。为了评估算法，就必须测试算法的效果。对于有监督学习而言，必须已知用于评估算法的目标变量值；对于无监督学习而言，也必须用其他评测手段来检验算法的成功率。无论哪种情形，只要不满意算法的输出结果，都可返回上一步调整和改进算法。

❺ 使用算法。将机器学习算法转换为应用程序，并执行实际任务，以便检验上述步骤是否可以在实际环境中正常工作。

第 4 章 深度学习

当前，人工智能的发展借助深度学习的技术突破得到了全面关注及助力推动。各国政府高度重视，对其将成为发展热点也达成了共识。深度学习是大数据时代的算法利器。与传统的机器学习算法相比，深度学习具有以下两方面的优势：

- 深度学习可以随着数据规模的增加不断提升性能；传统机器学习难以利用海量数据持续提升性能。
- 深度学习可以从数据中直接提取特征，减少了对每一个问题的提取特征工作；传统机器学习需要人工提取特征。

4.1 深度学习的核心

深度学习的核心是深度神经网络。目前，深度神经网络呈现出层次越来越深、结构越来越复杂的发展趋势。为了不断提升深度神经网络的性能，业界从网络深度和网络结构两方面持续进行探索。深度神经网络的层数已扩展到上百层甚至上千层。随着网络层数的不断加深，其学习效果也变得越来越好：2014年，谷歌公司提出 Inception 网络结构；2015 年，微软公司提出残差网络结构（ResNet），并且 ResNet 以 152 层的网络深度，首次在图像分类任务上的准确率超过人眼；2016 年，黄高等人提出密集连接网络结构……这些网络结构的迭代设计不断提升了深度神经网络的性能。

为了克服目前深度神经网络存在的局限性，业界不断探索并提出了新型神经网络节点的概念，使得深度神经网络的功能变得越来越丰富：2017 年，杰弗里•辛顿提出了胶囊网络的概念，即采用胶囊作为网络节点，从理论上更接近人脑的行为，旨在克服卷积神经网络没有空间分层和推理能力等局限性；2018 年，DeepMind 公司、谷歌大脑团队、美国麻省理工大学的学者联合提出了图网络的概念，定义了一类新的模块，具有归纳偏置功能，旨在赋予深度学习因果推理的能力。

深度神经网络大多具有上亿的参数量和数百兆的占用空间，由于运算量较大，因此，难以部署到智能手机、摄像头、可穿戴设备等性能和资源受限的终端类设备中。为了解决这个问题，业界采用模型压缩技术降低了模型的参数量和尺寸，从而减少了运算量。目前，采用的模型压缩方法包括两类：对已训练好的模型进行“修剪”（如剪枝、权值共享和量化等），以及设计更精确的模型（如 MobileNet 等）。深度学习算法的建模及调参过程烦琐，应用门槛高。为了降低深度学习的应用门槛，业界提出了自动化机器学习技术，可实现深度神经网络的自动化设计，从而简化应用流程。

因深度学习与强化学习的融合发展而诞生的深度强化学习技术，结合了深度学习的感知能力和强化学习的决策能力，克服了强化学习只适用于状态离散且数据维度不高的缺陷，所以可直接从高维原始数据中学习控制策略。为了降低深度神经网络在训练时所需的数据量，业界引入了迁移学习的思想，从而诞生了深度迁移学习技术。迁移学习是利用数据、任务或模型之间的相似性，将在原有领域学习过的模型，应用于新领域的一种学习过程。通过将训练好的模型迁移到类似场景，可以仅利用少量的训练数据就能达到较好的效果。

在传统的工业流程中，人力成本高、危险性大、无意义的劳动过多等问题长期存在，传统制造企业的转型升级势在必行。各类深度学习模型可为工业基础应用赋能。例如，卷积神经网络广泛应用于计算机视觉领域，在图像分类、目标检测、语义分割等任务中的表现大大超越传统方法；循环神经网络适合解决序列信息的相关问题，已广泛应用于自然语言处理领域，如语音识别、机器翻译、对话系统等。

目前，深度学习仍有很多不足，性能也有待于进一步提升，原因有以下几点。

- 深度神经网络的模型复杂度高，巨量的参数导致模型尺寸过大，难以部署到移动终端设备中。
- 模型训练所需的数据量大，训练样本的获取、标注成本高，难以获取某些场景的训练样本。
- 应用门槛高，算法建模及调参的过程复杂、烦琐，算法的设计周期长，系统实施、维护困难。
- 因果推理能力不足。
- 由于深度学习的参数共享、特征抽取与组合较为复杂，因此很难解释清楚模型学习到了什么。但是出于安全性考虑，以及伦理和法律方面的需要，模型的可解释性又是十分必要的。

深度学习是机器学习的一个新研究领域。受益于芯片处理性能的提升、数据的爆炸性增长、机器学习与信号处理研究的进步，深度学习才得以快速发展，涉及的应用领域包括语音识别，以及由少量人工神经元搭建的机器视觉识别、对象检测等。

传统的人工神经网络由多层感知器组成，在解决一些简单任务时具有一定的优势。随着任务的复杂度和数据量的不断增加，传统的人工神经网络面临的问题逐渐凸显。从本质上说，深度学习是由大量的单一神经元相互连接组成的深度神经网络。经过训练，神经元之间的连接强度（权值）会被改变。连接强度的分布决定了网络的性能。

深度学习旨在建立一个可以模拟人脑神经连接结构的模型，在处理图像、声音和文本等数据时，通过多个变换阶段的分层对数据特征进行描述，进而给出对数据的解释。因此，面向工业应用领域构建一个好的模型对深度学习的性能提升有较大影响。

随着深度学习的快速发展，在语音和图像处理等应用方面涌现出了许多性能良好的模型：2012 年，辛顿等人采用卷积神经网络将 ImageNet 图像的分类识别错误率从之前的25%降低到15%。随后，以卷积神经网络为代表的各种深度学习算法被广泛应用于传统的图像识别中。有研究证明，卷积神经网络在处理多维数组的数据时，其效果较为显著，适用于图像、视频等数据的识别与检测。

目前，在深度学习中应用较多的网络有卷积神经网络、循环神经网络、受限玻尔兹曼机、深度置信网络等。

4.2 深度学习的常用网络：卷积神经网络

1962 年，通过对猫的视网膜和视觉皮层中枢神经细胞信息处理机制的研究，哈佛大学的Hubel和Wiesel提出了局部感受野（Receptive Field）的概念，揭示了视觉神经的机理，并因此获得了 1981 年的诺贝尔医学奖。这一发现对卷积神经网络具有里程碑式的意义。1980 年，日本学者福岛邦彦基于局部感受野提出的神经认知机（Neocognitron），可以看作卷积神经网络的第一个实际应用，也是局部感受野概念在人工神经网络领域的首次落地。在其后的应用研究中，将神经认知机用于手写体字符的识别中，并取得了显著进展。

1995 年，由 Yann LeCun 等人提出的手写体字符识别系统 LeNet-5 是卷积神经网络比较早的成功应用。20 世纪 90 年代末，在美国各大银行中，有 10%的支票识别使用基于卷积神经网络的 LeNet-5 来完成。随后，国内外的研究人员提出卷积神经网络的多种形式，并在邮政编码的识别和人脸识别方面得到了大规模应用。虽然在当时利用卷积神经网络取得了较好的效果，但一直没有取得较大的突破。造成这一现象的主要原因有如下两个：

- 随着模型深度的增加，模型的训练参数数量也随之增加。在模型训练过程中，常常陷入局部最小值，当数据输入为高维数据时（如图像），容易产生过拟合。
- 由于卷积神经网络的计算复杂、运算量大，在当时的硬件条件下很难用于解决实际尺寸的图像识别问题。

因此，早期的卷积神经网络仅应用在小尺度的图像上。这个情况一直持续到2006年，加拿大多伦多大学的Hinton教授及其学生在《Science》上发表了一篇论文。该论文提出了两个重要观点：

- 相对于浅层学习对数据的特征表达，具备多隐藏层的深度神经网络具有更强的学习能力，并且学习到的特征能对数据进行更深入的表示。
- 深度神经网络在训练上的难度，可以通过逐层预训练来克服。

2012年10月，在ImageNet大规模视觉识别挑战赛ILSVRC（ImageNet Large Scale Visual Recognition Challenge）上，Hinton教授的博士生Alex Krizhevsky，首次将深度神经网络理论用于卷积神经网络（简称深度卷积神经网络），即使用一个8层的深度卷积神经网络（包括5层卷积层和3层全连接层，共包含6000万个参数和65万个神经元），取得了在图像分类和目标定位任务中第一名的好成绩。

目前，深度卷积神经网络已应用在谷歌地图的图像标注和搜索中；百度公司也将深度卷积神经网络成功应用于自然场景的识别和人脸识别中，并推出相应的桌面和移动搜索产品。

4.2.1 卷积神经网络的结构

卷积神经网络通过研究数据在空间上的关联性来减少训练参数的数量。目前，卷积神经网络已经成为一种在图像识别领域的高效识别方法。

卷积神经网络是一个多层的神经网络，每层包含多个二维平面，每个平面又由多个独立的神经元组成。卷积神经网络包含一些简单元和复杂元，分别记为S元和C元。S元聚合在一起组成S面，S面聚合在一起组成S层（特征提取层）；C元聚合在一起组成C面，C面聚合在一起组成C层（特征映射层）。卷积神经网络的中间层均由S层与C层连接而成。而卷积神经网络的输入层只有一层。卷积、采样的步骤已嵌入到卷积神经网络的结构中。卷积神经网络的结构如图4.1所示。

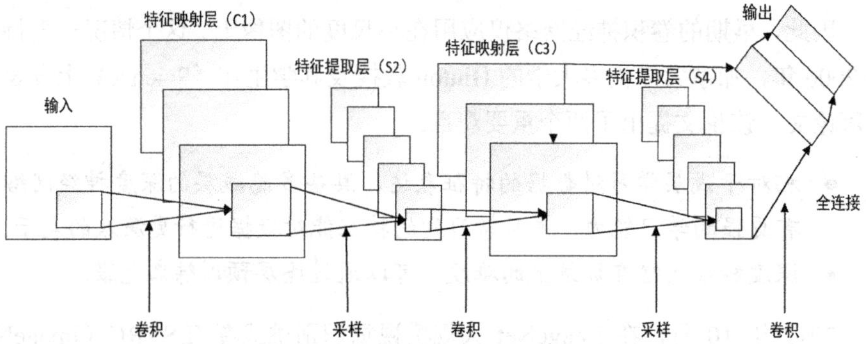

图 4.1　卷积神经网络的结构

卷积神经网络包括两层：

- S 层（特征提取层）：每个神经元与前一层的局部接受域相连。可通过特征提取层提取局部特征。一旦局部特征被提取，则它相对其他特征的位置关系也随之确定下来。
- C 层（特征映射层）：每个特征映射层均由多个特征映射组成。特征映射层是一个平面，平面上所有神经元的权值均相等。特征映射层采用 Sigmoid 函数作为卷积神经网络的激活函数，使得特征映射层具有位移不变的特性。此外，由于一个特征映射面上的神经元可共享权值，因而减少了网络自由参数的个数。

卷积神经网络中的每一个特征提取层（S 层）都紧跟着一个用来求取局部平均与二次提取的特征映射层（C 层）。这种特有的两次特征提取结构减小了特征分辨率，使得卷积神经网络在识别时对输入样本有较高的畸变容忍能力。

在卷积神经网络中，卷积和采样的示意过程如图 4.2 所示。

通过卷积操作，可使卷积神经网络对空域变化具有鲁棒性，卷积的执行过程如下。

❶ 输入图像与一个可训练的滤波器进行卷积操作。

❷ 在得到的卷积结果中加入一个加性偏置 b_i，得到特征映射矩阵。

采样（也称下采样）的执行过程如下。

❶ 在经过卷积操作得到的特征映射矩阵内，通过对相邻域的 4 个元素求和，将其转变为一个像素点。

❷ 通过矩阵 $\boldsymbol{W}_{i+1}$ 加权，加入可调的偏置项 b_{i+1}。

❸ 利用 Sigmoid 函数产生一个新的特征提取矩阵。相对于原有的特征映射矩阵，新得到的特征提取矩阵已经缩小了很多。

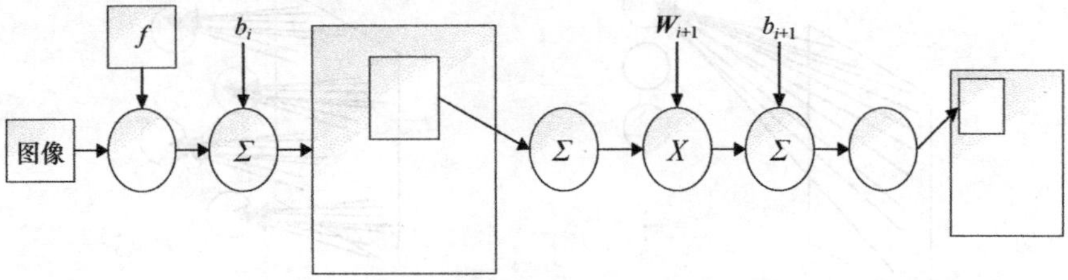

图 4.2　卷积和采样的示意过程

卷积神经网络是一种特殊的深度神经网络模型。它的特殊性体现在以下两个方面：

- 神经元之间的连接为非全连接。
- 在同一层中，神经元之间的连接权值是共享的，即相同的。

这种非全连接和权值共享的网络结构，使得卷积神经网络类似于生物神经网络，不仅降低了卷积神经网络的复杂度（对于很难学习的深度神经网络结构而言，这是非常重要的），而且减少了权值的数量。

4.2.2　卷积神经网络的关键技术

卷积神经网络使用了 4 个关键技术：局部感知野、权值共享、多卷积核和池化。卷积神经网络的核心思想是将这 4 个关键技术结合起来，以便获得某种程度上的位移、尺度、形变等特性。

1. 局部感知野

人对外界的认知是按照从局部到全局的顺序进行的，图像的空间联系也是如此：局部的像素联系较为紧密，距离较远的像素联系则较为松散。因而，每个神经元没有必要对全局图像进行感知，只需要先对局部图像进行感知，然后将局部图像综合起来就得到了全局图像。

局部感知野的示意图如图 4.3 所示：图 4.3（a）为全连接网络；图 4.3（b）为局部连接网络。

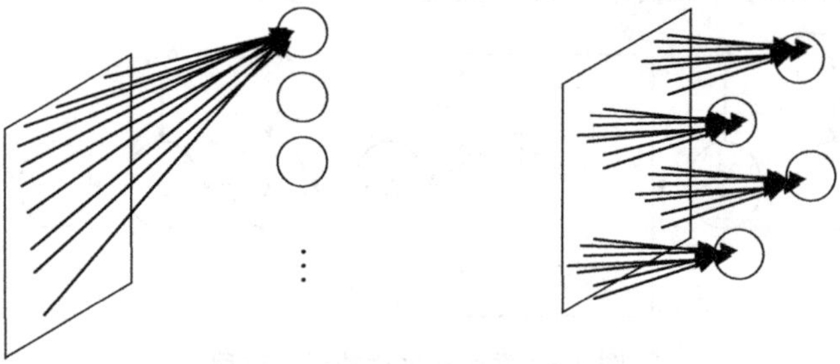

（a）全连接网络　　（b）局部连接网络

图 4.3　局部感知野的示意图

一幅 1000×1000 像素的图像包含 100 万个隐藏层神经元（每个隐藏层神经元连接图像的一个像素点）。如果每个隐藏层神经元均与像素点连接，则将产生10^{12}个连接（1000×1000 像素×1000000=10^{12}），也就是10^{12}个权值参数。在位置相近的 10×10 像素的区域中，如果将每个隐藏层神经元与上层的隐藏层神经元相连，则 100 万个隐藏层神经元仅产生10^{8}个权值参数。因此，其权值参数个数比原有的10^{12}个权值参数个数减少了 4 个数量级，极大地加快了图像的处理速度。

2. 权值共享

卷积神经网络具有权值共享的特性，即位于同一个特征映射层的神经元使用相同的卷积核。在图 4.3（b）的局部连接网络中，虽然其权值参数的个数比原有的10^{12}个权值参数减少了 4 个数量级，但个数仍然过多。因此，可利用权值共享的特性进一步降低运算的复杂度。假设在局部连接网络中每一个隐藏层神经元都连接 10×10 像素，即每个隐藏层神经元都对应 100 个权值参数（卷积核），如果将这 100 个权值参数都设置为相等的值（相当于所有的隐藏层神经元都使用同一个卷积核去卷积图像），则权值参数的个数就减少为 100 个。无论有多少个隐藏层神经元，权值参数的个数都为 100 个。

可以这样理解权值共享：这 100 个权值参数是提取特征的方式，与图像的位置无关（例如，图片的底层边缘特征与其在图中的具体位置无关）；图像中某一部分的特征与其他部分的特征相同，也就是说，在这一部分学习到的特征也能用在另一部分上。

在卷积神经网络中，每个稀疏过滤器都可通过权值共享覆盖整个可视域。权值共享的神经元构成一个特征映射，如图 4.4 所示。

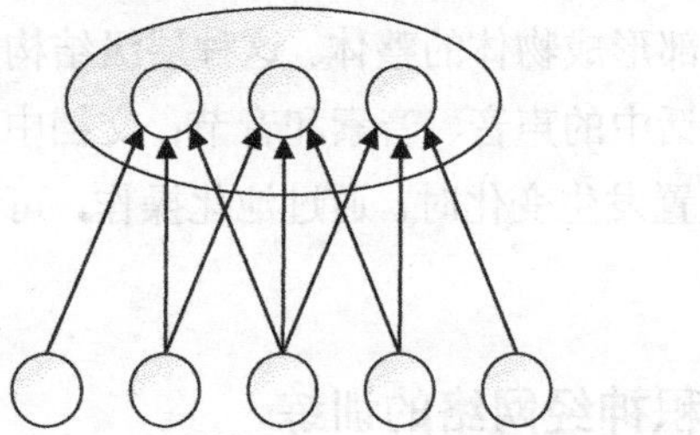

图 4.4 权值共享的神经元构成一个特征映射

3. 多卷积核

通过一种卷积核只能提取一种图像特征，若想提取不同的特征，则需要使用多种不同的卷积核。单卷积核和多卷积核的特征提取对比如图 4.5 所示。例如，在有 100 个权值参数时，只有 1 个 10×100 像素的卷积核。显然，此时的特征提取是不充分的，可以添加多个卷积核来提取特征。不同的卷积核可生成不同的图像。例如，两个卷积核可以生成两幅图像。这两幅图像可以看成是同一原始图像的不同通道。

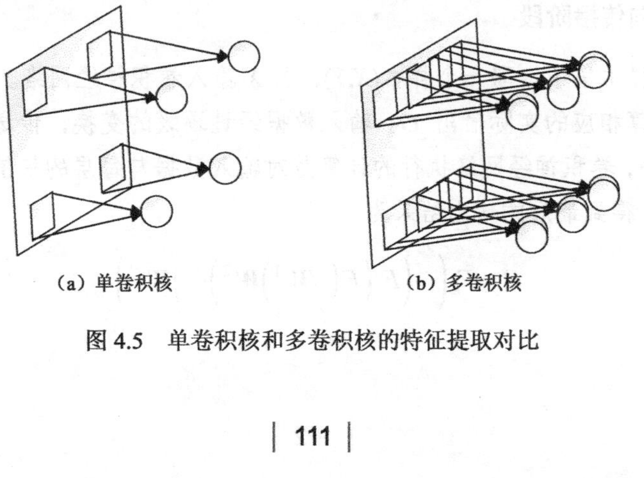

（a）单卷积核　　（b）多卷积核

图 4.5 单卷积核和多卷积核的特征提取对比

4. 池化

一般情况下，卷积用于探测上一层的特征，池化用于把相似的特征合并。池化神经元用于计算一个局部块的最大值，相邻的池化神经元通过移动一行或者一列来从局部块上读取数据，从而减少了表示的维度，并保持了对数据的平移不变性。

在图像中，通过局部边缘的组合形成基本图案；由基本图案组成物体的局部；由物体的局部形成物体的整体。这种层级结构也存在于语音数据及文本数据中。例如，电话中的声音、音素和音节；文档中的单词和句子等。当输入数据在前一层的位置发生变化时，通过池化操作，可让特征表示对这些变化具有鲁棒性。

4.2.3 卷积神经网络的训练

从本质上讲，卷积神经网络是一种从输入到输出的映射。它能够学习大量的输入与输出之间的映射关系，而不需要任何输入和输出之间的数学表达式。只要用已知的模式对卷积神经网络加以训练，卷积神经网络就能具有输入和输出之间的映射能力。在开始训练前，所有的权值都应该利用一些小随机数进行初始化。小随机数用来确保网络不会因权值过大而进入饱和状态。

卷积神经网络的训练算法与传统的反向传播算法（BP）类似，包括两个阶段：前向传播阶段和反向传播阶段。

1. 前向传播阶段

❶ 从样本集中选取一个样本(X,Y)，将X输入卷积神经网络。

❷ 计算相应的实际输出 O。输入数据经过逐级的变换，传送到输出层。在此过程中，卷积神经网络执行的计算是对输入数据与每层的权值矩阵进行点乘操作后，得到最后的输出结果为

$$O = F_n\left(\cdots\left(F_2\left(F\left(X\boldsymbol{W}^1\right)\boldsymbol{W}^2\right)\cdots\right)\boldsymbol{W}^N\right) \tag{4.1}$$

式中，W^i表示每层的权值矩阵，$i=1,2,\cdots,N$；函数$F(\cdot)$表示点乘操作。

2. 反向传播阶段

❶ 计算实际输出O与理想输出Y的差值。

❷ 按照极小化误差的方法，通过反向传播在❶中得到的差值来调整权值矩阵。

卷积神经网络的工业应用案例

以在钢铁行业中热轧板凸度预测为例说明卷积神经网络的应用方法。热轧生产数据具有检测误差大、信噪比低、分布不均匀的特点，并且参数间高度耦合、作用机理复杂。因此，利用机理知识进行热轧板凸度预测的难度较大。

随着机器学习、人工智能技术的迅速发展和成功应用，基于数据驱动的智能化方式得到了越来越广泛的研究。随着热轧生产线的不断升级改造，以及信息采集设备、数据存储设备的发展，热轧生产线的各个工序都积累了大量的生产数据。海量数据的获取使得利用深度学习进行热轧板凸度预测成为可能。

卷积神经网络的部分结构如图4.6所示。

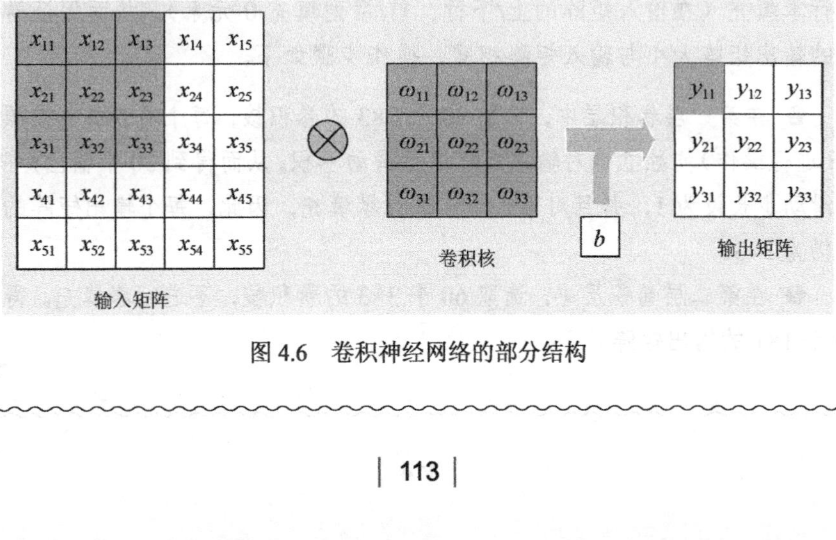

图4.6 卷积神经网络的部分结构

图 4.6 采用 2 层卷积层、3 层全连接层的结构，省略了池化层。省略池化层的原因有两个：

- 热轧数据集的样本规模远远小于图像数据的样本规模，不适合使用池化层进行降采样操作。
- 输入变量在经过属性的选择后，去除了原始属性集中的无关属性和冗余属性。每个元素都对热轧板凸度的解释有益。如果使用池化层，则会删除这些数据中的有效信息，导致模型的预测性能急剧下降。

卷积核在输入矩阵上滑动，和输入矩阵中与之重叠的区域进行卷积操作，卷积结果的计算公式为

$$y_{s,k}^{cc,i,j} = \sigma\left(\sum_{u=1}^{m}\sum_{v=1}^{n} w_{u,v}^{cc,i,j} x_{s+u-1,k+v-1}^{cc,j-1} + b_{cc,i,j}\right) \tag{4.2}$$

式中，$y_{s,k}^{cc,i,j}$ 为第 j 层卷积层的第 i 个输出矩阵中第 s 行、第 k 列的值；$x_{s+u-1,k+v-1}^{cc,j-1}$ 为第 j–1 层卷积层的输入矩阵中第 $s+u-1$ 行、第 $k+v-1$ 列的值；$w_{u,v}^{cc,i,j}$ 为第 j 层卷积层的第 i 个卷积核中第 u 行、第 v 列的权值；$b_{cc,i,j}$ 为偏置项；σ 为非线性激活函数，这里选用 ReLu 函数。

卷积操作会导致输出矩阵的维度比输入矩阵小。为了更好地保存提取出的高级特征，同时也为了减轻过拟合，可在执行卷积操作时对输入矩阵进行零填充（在输入矩阵的上/下行、前/后列填充 0 元素），从而保证卷积后的输出矩阵大小与输入矩阵相同，操作步骤如下。

❶ 在第一层卷积层中，选取 30 个 3×3 的卷积核，每个卷积核（按照图 4.6 进行操作）均独立地对输入矩阵进行滑动卷积，从而得到 30 个输出矩阵。将滑动步长设为 1，并且对输入矩阵进行零填充，因此，每个输出矩阵的维度仍为 3×3。

❷ 在第二层卷积层中，选取 60 个 3×3 的卷积核，不进行零填充，得到 60 个 1×1 的输出矩阵。

❸ 将第二层卷积层的输出结果转换成一维向量的形式，并且将其输入全连接层。全连接层的操作与深度神经网络中的隐藏层相同，即

$$y_i^{cf,j} = \sigma\left(\sum_{k=1}^{n} w_{k,i}^{cf,j-1} x_k^{cf,j-1} + b_{cf,j,i}\right) \tag{4.3}$$

式中，$y_i^{cf,j}$ 为卷积神经网络中第 j 个全连接层中第 i 个节点的输出；$x_k^{cf,j-1}$ 为第 j 层全连接层的前一层中第 k 个节点的值；$w_{k,i}^{cf,j-1}$ 为第 j 层全连接层的前一层中第 k 个节点与第 i 个节点的连接权值；$b_{cfj,i}$ 为偏置项；σ 为非线性激活函数，这里选用 tanh 函数。

❹ 最后一层全连接层的输出即为卷积神经网络的学习结果 y_i^c。

4.3 深度学习的常用网络：循环神经网络

循环神经网络（RNN）是深度学习领域中一种特殊的内部存在自连接的神经网络，可以学习复杂的从向量到向量的映射。Hopfield 神经网络模型是循环神经网络的最早研究成果，拥有强大的计算能力，具有联想记忆功能。因其实现较为困难，所以被后来的其他人工神经网络和传统机器学习算法所取代。之后不久被提出的循环神经网络框架，即简单循环网络（Simple Recurrent Network，SRN），被认为是循环神经网络的基础版本。随后出现的更加复杂的结构均可认为是其变体或者扩展形式。目前，循环神经网络已被广泛应用于各种与时间序列相关的任务中。

4.3.1 循环神经网络的结构

循环神经网络是一种具有反馈结构的神经网络。其输出不但与当前输入和网络的权值有关，而且还与之前时刻的输入有关。循环神经网络通过添加跨越时间点的自连接隐藏层，对基于时间序列的数据建模。换句话说，隐藏层的反馈，不仅进入输出端，而且还进入了下一时刻的隐藏层。循环神经网络的结构如图 4.7 所示。

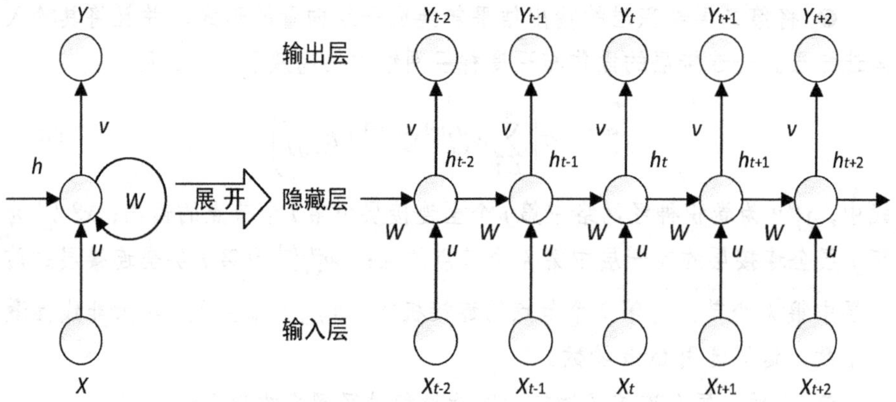

图 4.7　循环神经网络的结构

循环神经网络的结构具有天然序贯的特点。这就使得循环神经网络能够更好地挖掘、利用序列数据的信息，即循环神经网络具有序贯性。这种能力在语音识别的应用中尤为重要，因为只有先理解语境，才能更准确、更完善地理解语音的含义。例如，对于涉及序列输入的任务（如语言处理、机器翻译），若利用循环神经网络进行处理，则能获得较好的效果。在循环神经网络中，一次仅处理一个输入序列数据，同时维护在隐藏层中包含的过去时刻序列数据的历史信息。

在循环神经网络中，前向传播的计算按照时间序列展开，并使用基于时间的反向传播算法（Back Propagation Through Time，BPTT）对网络中的参数进行更新。这是目前在循环神经网络中最常用的训练算法。

在循环神经网络中，前向传播的计算公式为

$$
\begin{aligned}
a_h^{\ t} &= \sum_{i=1}^{I} w_{ih} x_i^t + \sum_{h'=1}^{H} w_{h'h} b_{h'}^{t-1} \\
b_h^{\ t} &= \theta_h(a_h^{\ t}) \\
a_o^{\ t} &= \sum_{h=1}^{H} w_{ho} b_h^{\ t}
\end{aligned}
\tag{4.4}
$$

式中，I、H 为输入层和隐藏层的神经元个数；x_i^t 为 t 时刻神经元的输入数值；a_h^t 为 t 时刻隐藏层的神经元输入；b_h^t 为经过激活函数后的神经元输出；$\theta_h(\cdot)$ 为激活函数；w_{ih} 为输入层到隐藏层的权值系数；$w_{h'h}$ 为隐藏层神经元之间的权值系数；w_{ho} 为隐藏层到输出层的权值系数；a_o^t 为 t 时刻神经元的输出。

循环神经网络的训练主要使用的是反向传播算法，具体公式为

$$
\begin{aligned}
&\delta_h^t = \theta'(a_h^t)\sum_{o=1}^{O} w_{ho}\delta_o^t + \sum_{h'=1}^{H} w_{h'h}\delta_{h'}^{t+1} \\
&\delta_j^t = \frac{\partial L}{\partial a_j^t} \\
&\frac{\partial L}{\partial w_{ij}} = \sum_{t=1}^{T}\frac{\partial L}{\partial a_j^t}\frac{\partial a_j^t}{\partial w_{ij}} = \sum_{t=1}^{T}\delta_j^t b_i^t
\end{aligned}
\tag{4.5}
$$

式中，L 为损失函数；δ 为梯度；O 为输出层的神经元个数；T 为时间序列长度。

4.3.2 循环神经网络的优化

使用梯度下降法来优化循环神经网络存在一个主要问题，即梯度在沿着序列反向传播的过程中可能会快速弥散。目前，已经有大量的研究工作用于解决循环神经网络的梯度弥散问题，并且提出了循环神经网络的优化方案。其中，最具代表性的两个网络分别为回声状态网络（Echo State Network，ESN）和长短期记忆网络（Long Short Term Memory，LSTM）。

下面将重点围绕长短期记忆网络的结构及其特性进行介绍。

长短期记忆网络是一种特殊的循环神经网络，为了解决循环神经网络的梯度弥散问题而提出。传统的循环神经网络是在反向传播算法的基础上加入了对时间的考量，即从前一层获取残差，并改变本层的内部参数。但当传播的时间比较长时，需要回传的残差会呈现下降趋势，从而导致网络权值的更新缓慢，无法体现循环神经网络的长期记忆效果。这时，循环神经网络就可能变得非常难以训练，梯度信号也会变得非常微小（近乎为零）或者出现梯度弥散的问题。因此，需要在循环神经网络中添加一个专门的存储单元用来存储记忆，即为长

短期记忆网络。

长短期记忆网络能够有效克服循环神经网络中存在的梯度弥散问题，可以对存在短期或者长期依赖的数据进行精确建模。长短期记忆网络的工作方式与循环神经网络基本相同，区别在于长短期记忆网络通过一个更加细化的内部处理单元来完成信息的有效存储和更新。目前，长短期记忆网络已被广泛应用于与序列学习相关的任务中（语音识别、语言模型、词性标注、机器翻译等）。例如，使用长短期记忆网络学习具有语义的特征向量，并将该特征向量用于网络的文档检索任务中；引入基于 BLSTM 的语言模型，用于解决未登录词的表示问题，即通过对词和字符级的词向量混合得到最终的词向量表示；基于动态扩展树的模型，解决事件的提取问题。

循环神经网络（RNN）与长短期记忆网络（LSTM）的对比如图 4.8 所示。两者的最大区别在于长短期记忆网络的最顶层多了一条名为细胞状态（Cell State）的信息传送带（用于存储记忆信息）。细胞状态可以理解为传送带，即整个模型的记忆空间，随着时间的变化而变化。当然，细胞状态无法控制记忆哪些信息，这个功能由控制门（Gate）完成。

在图 4.8（b）中，σ 表示神经网络层，可以理解为 Sigmoid 函数；$\otimes$ 图标表示乘法操作；tanh 表示长短期记忆网络中的基本模块，用来把输入转换为细胞状态。长短期记忆网络的执行过程：运行 Sigmoid 函数，用于确定输出细胞状态的哪个部分；把细胞状态通过 tanh 进行处理（得到一个位于-1 到 1 之间的值）；将该值与 Sigmoid 的输出相乘，从而最终确定系统的输出。

长短期记忆网络通过控制门的结构增加或减少细胞状态的信息。控制门的结构主要由 Sigmoid 函数与点乘操作组成：

- Sigmoid 函数的输出值位于 0 到 1 之间。
- 点乘操作的结果决定了可以传送多少信息：当结果为 0 时，表示不传送；当结果为 1 时，表示全部传送。

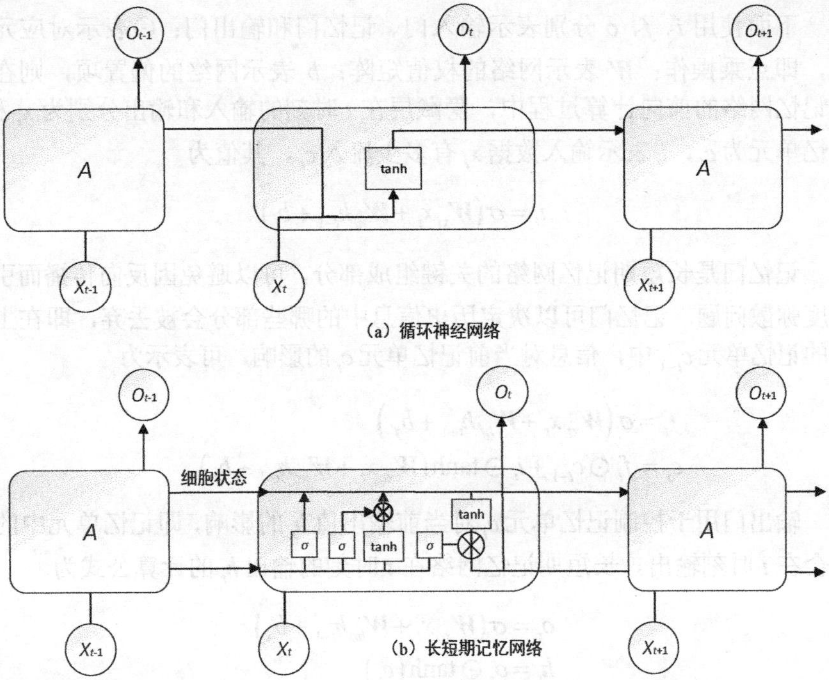

图 4.8　循环神经网络（RNN）与长短期记忆网络（LSTM）的对比

长短期记忆网络有 3 个控制门：输入门（Input Gate）、输出门（Output Gate）和记忆门（Forget Gate）。

- 输入门用来记忆现在的某些信息。
- 记忆门用来选择忘记过去的某些信息。
- 通过输入门、记忆门，将过去与现在的记忆合并，并通过输出门输出最后的信息。

可以将控制门当成一个全连接层。长短期记忆网络对信息的存储和更新正是通过控制门实现的。控制门的一般形式为

$$g(x)=\sigma(\boldsymbol{W}x+b) \tag{4.6}$$

式中，$\sigma(x)=1/(1+\exp(-x))$，即 Sigmoid 函数，是机器学习中常用的非线性激活函数。

下面使用 i、f、o 分别表示输入门、记忆门和输出门；$\odot$表示对应元素相乘，即点乘操作；$\boldsymbol{W}$ 表示网络的权值矩阵；b 表示网络的偏置项，则在长短期记忆网络的前向计算过程中，隐藏层在 t 时刻的输入和输出分别为 x_t 和 h_t，记忆单元为 c_t，i_t 表示输入数据 x_t 有多少流入 c_t，其值为

$$i_t = \sigma\left(\boldsymbol{W}_{xi}x_t + \boldsymbol{W}_{hi}h_{t-1} + b_i\right) \tag{4.7}$$

记忆门是长短期记忆网络的关键组成部分，可以避免因反向传播而引发的梯度弥散问题。记忆门可以决定历史信息中的哪些部分会被丢弃，即在上一时刻的记忆单元 c_{t-1} 中，信息对当前记忆单元 c_t 的影响，可表示为

$$\begin{aligned} f_t &= \sigma\left(\boldsymbol{W}_{xf}x_t + \boldsymbol{W}_{hf}h_{t-1} + b_f\right) \\ c_t &= f_t \odot c_{t-1} + i_t \odot \tanh\left(\boldsymbol{W}_{xc}x_t + \boldsymbol{W}_{hc}h_{t-1} + b_c\right) \end{aligned} \tag{4.8}$$

输出门用于控制记忆单元 c_t 对当前输出值 h_t 的影响，即记忆单元中的哪部分会在 t 时刻输出。长短期记忆网络在 t 时刻的输出 h_t 的计算公式为

$$\begin{aligned} o_t &= \sigma\left(\boldsymbol{W}_{xo}x_t + \boldsymbol{W}_{ho}h_{t-1} + b_{\mathrm{o}}\right) \\ h_t &= o_t \odot \tanh\left(c_t\right) \end{aligned} \tag{4.9}$$

尽管长短期记忆网络可以解决很多循环神经网络难以解决的问题，但是针对长短期记忆网络的改进仍未停止。例如，Gers 等人提出窥视孔连接的方法，即通过增加 3 个门控单元来观察记忆单元。其前向传播的公式为

$$\begin{cases} i_t = \sigma\left(\boldsymbol{W}_{xi}x_t + \boldsymbol{W}_{hi}h_{t-1} + \boldsymbol{W}_{ci}c_{t-1} + b_i\right) \\ f_{ft} = \sigma\left(\boldsymbol{W}_{xf}x_t + \boldsymbol{W}_{hf}h_{t-1} + \boldsymbol{W}_{cf}c_{t-1} + b_f\right) \\ c_t = f_t \odot c_{t-1} + i_t \odot \tanh\left(\boldsymbol{W}_{xc}x_t + \boldsymbol{W}_{hc}h_{t-1} + b_c\right) \\ o_t = \sigma\left(\boldsymbol{W}_{xo}x_t + \boldsymbol{W}_{ho}h_{t-1} + \boldsymbol{W}_{co}c_t + b_o\right) \\ h_t = o_t \odot \tanh\left(c_t\right) \end{cases} \tag{4.10}$$

循环神经网络的工业应用案例

长短期记忆网络通过门控机制建模，使得循环神经网络不仅能记忆过去的信息，而且还能选择性地忘记一些不重要的信息，在时间序列分析和预测

领域有着广泛的应用前景。在实际应用中，长短期记忆网络的变体——门控循环单元，因参数较少，仅包含重置门（重置门有助于捕捉时间序列里短期的依赖关系）和更新门（更新门有助于捕捉时间序列里长期的依赖关系），更适合用于解决工业领域中的预测问题。下面以钢铁行业中铁水硅含量的预测为例，说明循环神经网络（此案例主要应用门控循环单元）的应用方法。

铁水硅含量是衡量高炉运行状况的重要参数，直接关系到高炉冶炼过程能否稳定运行，与高炉的各项经济指标密切相关。由于高炉系统存在时滞特性，因此，通过建立铁水硅含量的预测模型，可以提前精准把握铁水硅含量的变化趋势，以便给高炉操作者提供调控指导。处理时间序列的模型主要包括自回归模型、滑动平均模型，以及自回归滑动平均模型等。这几种方法主要基于平稳时间序列进行处理，但受制于周期波动和随机波动的影响，高炉数据呈现出连续不平稳的时间序列特性，不能很好地反映高炉系统的时变特性。

在本例获取的数据中，每组数据包括 23 个测量值，采样周期为 1 小时，经过数据预处理后得到 8000 组样本。为了解决输入数据不平衡的问题，需要将原始输入数据进行标准化处理。经过标准化处理后，训练完成的网络权值有一半正值、一半负值，均值位于 0 附近。因此，在训练之前的参数初始化中，通常将网络权值设置为 0 附近的小随机数。由于反向传播的梯度大小和权值成正比，因此很小的权值会导致很小的梯度，即容易出现梯度弥散问题。另外，过小的参数值会使输入门的值较小，这就意味着前一时刻的大多信息被丢弃了，这样的网络很难捕捉到长距离的依赖信息。因此，一般情况下，应将初始参数设置为较大值。

在门控循环单元的训练过程中，首先，初始化模型参数，即将样本数据输入模型，通过前向传播计算模型输出，并与真实值进行误差对比；然后，通过误差的反向传播计算各神经元的误差项，以及各参数的梯度；最后，将参数迭代更新，直至误差收敛。

在门控循环单元中，重置门、更新门的输入分别为 t 时刻的输入 X_t 和 $t-1$ 时刻的隐藏状态 H_{t-1}；可通过包含激活函数的全连接层计算得到输出。门控循环单元的输出过程如图 4.9 所示。

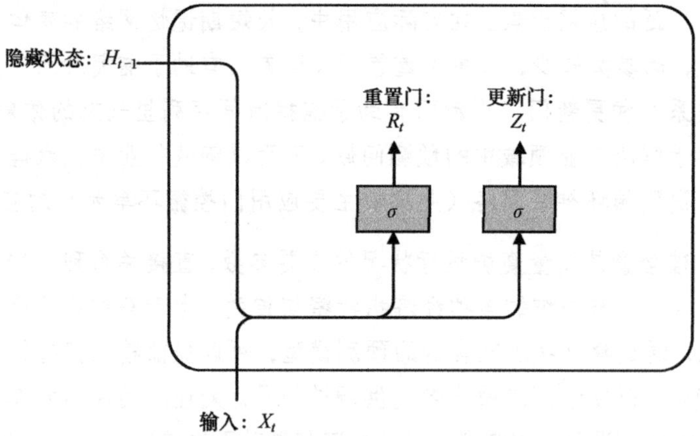

图 4.9　门控循环单元的输出过程

假设隐藏单元的个数为 h，给定时刻 t 的小批量输入 $X_t \in \mathbb{R}$（样本数为 n，输入个数为 d），$t-1$ 时刻的隐藏状态 $H_{t-1} \in \mathbb{R}$。计算重置门（$R_t \in \mathbb{R}$）和更新门（$Z_t \in \mathbb{R}$）的输出，计算公式为

$$R_t = \sigma\left(X_t \boldsymbol{W}_{xr} + H_{t-1}\boldsymbol{W}_{hr} + b_r\right) \tag{4.11}$$

$$Z_t = \sigma\left(X_t \boldsymbol{W}_{xz} + H_{t-1}\boldsymbol{W}_{hz} + b_z\right) \tag{4.12}$$

由于 Sigmoid 函数可以将元素的值映射到 0～1，因此，R_t 和 Z_t 中每个元素的值域都是[0,1]。

在门控循环单元中，可通过计算候选隐藏状态来辅助稍后即将进行的隐藏状态计算，候选隐藏状态的计算过程如图 4.10 所示。将当前 t 时刻的重置门输出与 $t-1$ 时刻的隐藏状态相乘：如果结果接近 0，则表示重置门对应的隐藏状态元素为 0，即丢弃 $t-1$ 时刻的隐藏状态；如果结果接近 1，则保留 $t-1$ 时刻的隐藏状态。将相乘的结果与 t 时刻的输入连接，并通过包含激活函数 tanh 的全连接层计算出候选隐藏状态。所有元素的值域为[−1,1]。

时刻 t 的候选隐藏状态 $\tilde{H}_t \in \mathbb{R}$ 的计算公式为

$$\tilde{H}_t = \tanh\left(X_t \boldsymbol{W}_{xh} + \left(R_t \cdot H_{t-1}\right) W_{hh} + b_h\right) \tag{4.13}$$

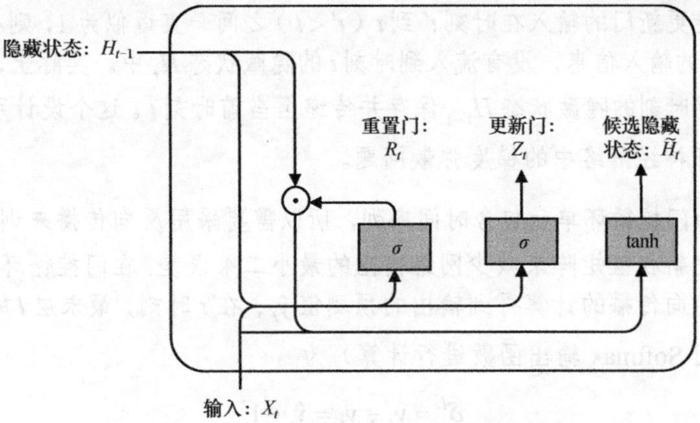

图 4.10 候选隐藏状态的计算过程

从式（4.13）可以看出，重置门控制了 $t-1$ 时刻的隐藏状态如何流入 t 时刻的候选隐藏状态。而 $t-1$ 时刻的隐藏状态可能包含了 t 时刻的全部历史信息。因此，重置门可以用来丢弃与预测无关的历史信息。

可使用 t 时刻的更新门输出 Z_t、$t-1$ 时刻的隐藏状态 H_{t-1}，以及 t 时刻的候选隐藏状态 $\tilde{H}_t$ 进行组合，以便计算 t 时刻的隐藏状态 $H_t \in \mathbb{R}$。隐藏状态的计算过程如图 4.11 所示。

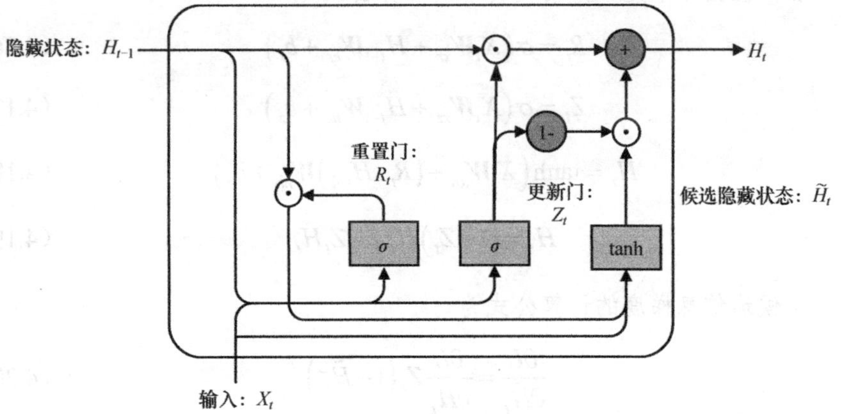

图 4.11 隐藏状态的计算过程

假设更新门的输入在时刻 t' 到 t（$t'<t$）之间一直近似为 1，则在时刻 t' 到 t 之间的输入信息，没有流入到时刻 t 的隐藏状态 H_t 中。实际上，这可看作将较早时刻的隐藏状态 $H_{t'-1}$ 保存并传递至当前时刻 t。这个设计可以用于解决循环神经网络中的梯度弥散问题。

因为门控循环单元包含时间序列，所以需要采用反向传播来训练模型，并通过更新权值矩阵来减少网络输出的最小二乘误差。在门控循环单元中，可通过前向传播的计算得到输出的预测值 $\hat{y}_t$；在 t 时刻，最末层 l 的误差信号（利用 Softmax 输出函数进行计算）为

$$\delta^l = \hat{y}_t - y_t = \hat{y}_t - 1 \tag{4.14}$$

则有

$$\frac{\partial L}{\partial H_t^{l-1}} = \boldsymbol{W}_{hy}{}^{\mathrm{T}}\delta^l \tag{4.15}$$

需要说明的是，$\dfrac{\partial L}{\partial H_t}=\dfrac{\partial L}{\partial H_t^{l-1}}$（空间上的误差信号）$+\dfrac{\partial L}{\partial H_{t+1}}$（时间上的误差信号）。

在门控循环单元中，前向传播的计算公式为

$$R_t = \sigma\left(X_t\boldsymbol{W}_{xr} + H_{t-1}\boldsymbol{W}_{hr} + b_r\right) \tag{4.16}$$

$$Z_t = \sigma\left(X_t\boldsymbol{W}_{xz} + H_{t-1}\boldsymbol{W}_{hz} + b_z\right) \tag{4.17}$$

$$\tilde{H}_t = \tanh\left(X_t\boldsymbol{W}_{xh} + \left(R_t \cdot H_{t-1}\right)\boldsymbol{W}_{hh} + b_h\right) \tag{4.18}$$

$$H_t = \left(1-Z_t\right)H_{t-1} + Z_t\tilde{H}_t \tag{4.19}$$

候选信息梯度的计算公式为

$$\frac{\partial L}{\partial \tilde{H}_t} = \frac{\partial L}{\partial H_t}Z_t\left(1-\tilde{H}_t^2\right) \tag{4.20}$$

更新门梯度的计算公式为

$$\frac{\partial L}{\partial Z_t}=\left[\frac{\partial L}{\partial H_t}H_{t-1}(-1)+\frac{\partial L}{\partial H_t}\tilde{H}_t\right]Z_t(1-Z_t) \tag{4.21}$$

重置门梯度的计算公式为

$$\frac{\partial L}{\partial R_t}=\frac{\partial L}{\partial \tilde{H}_t}H_{t-1}R_t(1-R_t) \tag{4.22}$$

反向传播的误差信号计算公式为

$$\frac{\partial L}{\partial H_{t-1}}=\boldsymbol{W}_{hr}{}^{\mathrm{T}}\frac{\partial L}{\partial R_t}+\boldsymbol{W}_{hz}{}^{\mathrm{T}}\frac{\partial L}{\partial Z_t}+\boldsymbol{W}_{hh}{}^{\mathrm{T}}\frac{\partial L}{\partial \tilde{H}_t}R_t+\frac{\partial L}{\partial H_t}(1-Z_t) \tag{4.23}$$

候选信息相关参数梯度的计算公式为

$$\begin{aligned}\frac{\partial L}{\partial \boldsymbol{W}_{hh}}&+=\frac{\partial L}{\partial \tilde{H}_t}(R_t H_{t-1})^{\mathrm{T}}\\ \frac{\partial L}{\partial \boldsymbol{W}_{xh}}&+=\frac{\partial L}{\partial \tilde{H}_t}X_t^{\mathrm{T}}\\ \frac{\partial L}{\partial b_h}&+=\frac{\partial L}{\partial \tilde{H}_t}\end{aligned} \tag{4.24}$$

更新门相关参数梯度的计算公式为

$$\begin{aligned}\frac{\partial L}{\partial \boldsymbol{W}_{hz}}&+=\frac{\partial L}{\partial Z_t}H_{t-1}^{\mathrm{T}}\\ \frac{\partial L}{\partial \boldsymbol{W}_{xz}}&+=\frac{\partial L}{\partial Z_t}X_t^{\mathrm{T}}\\ \frac{\partial L}{\partial b_z}&+=\frac{\partial L}{\partial Z_t}\end{aligned} \tag{4.25}$$

重置门相关参数梯度的计算公式为

$$\begin{aligned}\frac{\partial L}{\partial \boldsymbol{W}_{hr}}&+=\frac{\partial L}{\partial R_t}H_{t-1}^{\mathrm{T}}\\ \frac{\partial L}{\partial \boldsymbol{W}_{xr}}&+=\frac{\partial L}{\partial R_t}X_t^{\mathrm{T}}\\ \frac{\partial L}{\partial b_r}&+=\frac{\partial L}{\partial R_t}\end{aligned} \tag{4.26}$$

本例采用 Adam 算法进行参数更新。Adam 算法是一种可以替代传统的随机梯度下降法的一阶优化算法，可随着训练数据的不断迭代更新神经网络的权值。Adam 算法和传统的随机梯度下降法有所不同：传统的随机梯度下降法在更新全部的权值时保持单一的学习率，即学习率在训练过程中保持不变；Adam 算法可以为不同的参数设计独立的自适应学习率，是通过计算梯度的一阶矩和二阶矩实现的。其计算公式为

$$\begin{aligned} m &= \beta_1 m + (1-\beta_1)\Delta x \\ v &= \beta_2 v + (1-\beta_2)\Delta x^2 \\ x &= x - \frac{am}{\sqrt{v}+\varepsilon} \end{aligned} \tag{4.27}$$

式中，a 表示学习率；β_1、β_2、ε 为超参数，一般情况下，$\beta_1 = 0.9$，$\beta_2 = 0.999$，$\varepsilon = \mathrm{e}^{-6}$。Adam 算法记录了梯度的一阶矩和二阶矩：一阶矩，即过往所有梯度与当前梯度的均值，可使上一次更新的梯度与当前更新的梯度不会相差太大，即梯度平滑、稳定，可以适应不稳定的目标函数；二阶矩，即过往梯度与当前梯度平方的均值。α、β_1、β_2 和 ε 具有很好的解释性，通常不需要调整或仅需要微调即可。

经过一系列的参数寻优，得到了一组性能较好的超参数：门控循环单元的层数为 10、每层的节点数为 30、批次大小为 60、学习率为 0.006。由于铁水硅含量变化趋势的预测周期为 4 小时，因此将使用 T−4、T−3、T−2 和 T−1 时刻的所有特征数据来预测 T 时刻的铁水硅含量。

4.4 深度学习的常用网络：受限玻尔兹曼机

4.4.1 受限玻尔兹曼机的分类

1. 传统受限玻尔兹曼机

传统受限玻尔兹曼机（Restricted Boltzmann Machine，RBM）是一种可通过输入数据集学习概率分布的随机递归神经网络。它只含有输入、输出两层结

构，并且层内的神经元节点间没有关联性，可以有效提高模型训练、学习的效率。传统受限玻尔兹曼机的输入层（又被称为可视层）用于接收来自外界的输入信号；输出层（又被称为隐藏层）用于对输入层的信号进行处理。可将传统受限玻尔兹曼机看成一个无向图模型。传统受限玻尔兹曼机的结构如图 4.12 所示。

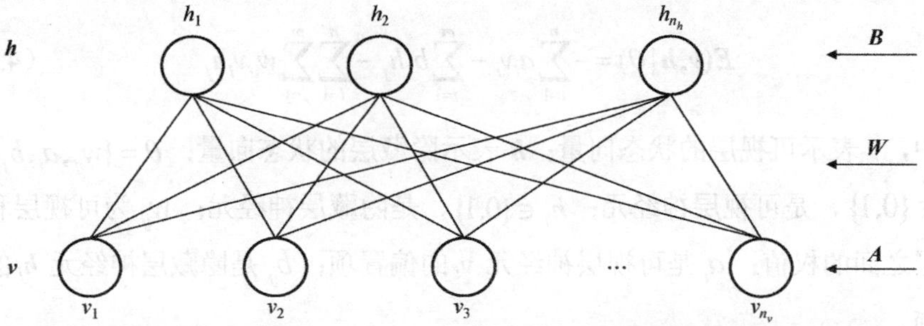

图 4.12 传统受限玻尔兹曼机的结构

在图 4.12 中，$\boldsymbol{v}=\left(v_1,v_2,\cdots,v_{n_v}\right)$，为可视层的状态向量，用于表示输入数据；$\boldsymbol{h}=\left(h_1,h_2,\cdots,h_{n_h}\right)$，为隐藏层的状态向量，用于表示特征提取器；$\boldsymbol{W}$ 为隐藏层与可视层之间的权值矩阵；$\boldsymbol{A}=\left(a_1,a_2,\cdots,a_{n_v}\right)$，为可视层的偏置向量；$\boldsymbol{B}=\left(b_1,b_2,\cdots,b_{n_h}\right)$，为隐藏层的偏置向量。

在传统受限玻尔兹曼机中，其能量函数为

$$E(\boldsymbol{v},\boldsymbol{h})=-\sum_{i=1}^{n}a_i v_i-\sum_{j=1}^{m}b_j h_j-\sum_{i=1}^{n}\sum_{j=1}^{m}h_j w_{ij} v_i$$

隐藏层与可视层之间的联合概率分布为

$$P(\boldsymbol{v},\boldsymbol{h})=\frac{1}{Z}\mathrm{e}^{-E(\boldsymbol{v},\boldsymbol{h})}$$

式中，Z 为配分函数，是节点所有可能取值下 $\mathrm{e}^{-E(\boldsymbol{v},\boldsymbol{h})}$ 的和。

2. 伯努利–伯努利受限玻尔兹曼机

伯努利–伯努利受限玻尔兹曼机（Bernoulli-Bernoulli Restricted Boltzmann

Machine，BBRBM）是一种受限玻尔兹曼机的基本形式。它的神经元仅有两个状态：0 或 1。当给定可视层的状态时，隐藏层各神经元的状态是相互独立的；反之，在给定隐藏层的状态时，可视层各神经元的状态是相互独立的。

在伯努利–伯努利受限玻尔兹曼机中，其能量函数为

$$E(\boldsymbol{v},\boldsymbol{h}\mid\theta)=-\sum_{i=1}^{n}a_i v_i-\sum_{j=1}^{m}b_j h_j-\sum_{i=1}^{n}\sum_{j=1}^{m}w_{ij}v_i h_j \tag{4.28}$$

式中，$\boldsymbol{v}$ 表示可视层的状态向量；$\boldsymbol{h}$ 表示隐藏层的状态向量；$\theta=\{w_{ij},a_i,b_j\}$；$v_i\in\{0,1\}$，是可视层神经元；$h_j\in\{0,1\}$，是隐藏层神经元；$w_{ij}$ 为可视层和隐藏层之间的权值；a_i 是可视层神经元 v_i 的偏置项；b_j 是隐藏层神经元 h_j 的偏置项。

基于能量函数得到如下概率分布：

$$P(\boldsymbol{v},\boldsymbol{h}\mid\theta)=\frac{1}{z(\theta)}E(\boldsymbol{v},\boldsymbol{h}\mid\theta)=\frac{\mathrm{e}^{-E(\boldsymbol{v},\boldsymbol{h}\mid\theta)}}{\sum_{\boldsymbol{v},\boldsymbol{h}}\mathrm{e}^{-E(\boldsymbol{v},\boldsymbol{h}\mid\theta)}} \tag{4.29}$$

式中，$z(\theta)$ 为归一化因子。

通过 $P(\boldsymbol{v},\boldsymbol{h}\mid\theta)$ 可以求出其边缘概率密度分布：

$$P(\boldsymbol{v})=\frac{1}{z(\theta)}\sum_{\boldsymbol{h}}\mathrm{e}^{-E(\boldsymbol{v},\boldsymbol{h}\mid\theta)} \tag{4.30}$$

根据最大似然估计公式，得到 θ^* 的求解公式：

$$\theta^*=\arg\max_{\theta}\sum_{t=1}^{T}\log P(\boldsymbol{v}^{(t)}\mid\theta) \tag{4.31}$$

为了获取该优化问题的最优解，可使用随机梯度上升法进行求解。随机梯度上升法的关键是 $\log P(\boldsymbol{v}^{(t)}\mid\theta)$ 关于各参数的偏导数计算，即

$$\frac{\partial\log P(\boldsymbol{v}^{(t)};\theta)}{\partial\theta}=-\left\langle\frac{\partial E(\boldsymbol{v}^{(t)},\boldsymbol{h};\theta)}{\partial\theta}\right\rangle_{P(\boldsymbol{h}\mid\boldsymbol{v}^{(t)})}+\left\langle\frac{\partial E(\boldsymbol{v},\boldsymbol{h};\theta)}{\partial\theta}\right\rangle_{P(\boldsymbol{v}\mid\boldsymbol{h})} \tag{4.32}$$

式中，$<\cdot>_P$ 表示关于 P 的数学期望值；$P(\boldsymbol{v}|\boldsymbol{h})$ 表示训练样本中可视层的概率分布。

伯努利–伯努利受限玻尔兹曼机具有层内无连接的结构特性：当给定可视层神经元的状态时，各隐藏层神经元的激活条件独立。因此，根据给定可视层神经元的状态 v_i，可推导出隐藏层神经元 h_j 的激活概率

$$P(h_j=1|\boldsymbol{v};\theta)=f(b_j+\sum_i w_{ij}v_i) \tag{4.33}$$

式中，$f(x)=\dfrac{1}{1+\exp(-x)}$，为 Sigmoid 激活函数。

从式（4.33）可知，隐藏神经元 h_j 的激活概率由状态 v_i 与该 $w_{.j}$（$w_{.j}$ 表示权值矩阵的第 j 列）的内积决定：状态 v_i 与 $w_{.j}$ 的内积越大，隐藏层神经元 h_j 的激活概率越大。

通过给定隐藏层神经元 h_j，可推导出可视层神经元 v_i 的激活概率，即

$$P(v_i=1|\boldsymbol{h};\theta)=f(a_i+\sum_j w_{ij}h_j) \tag{4.34}$$

由式（4.34）可知，式（4.32）中等式右侧的第一项比较容易计算。由于 $P(\boldsymbol{v},\boldsymbol{h}|\theta)$ 表示可视层神经元与隐藏层神经元的联合分布，计算时会涉及归一化因子 $z(\theta)$，一般情况下很难获取该分布，因此式（4.32）中等式右侧的第二项较难计算，只能通过一些采样方法获取近似值。

为了表示方便，可用 data 表示 $P(\boldsymbol{h}|\boldsymbol{v}^{(t)};\theta)$，用 model 表示 $P(\boldsymbol{v},\boldsymbol{h};\theta)$，将公式更新为

$$\begin{cases}\Delta w_{ij}=\eta(<v_i,h_j>_{\text{data}}-<v_i,h_j>_{\text{model}})\\ \Delta a_i=\eta(<v_i>_{\text{data}}-<v_i>_{\text{model}})\\ \Delta b_j=\eta(<h_j>_{\text{data}}-<h_j>_{\text{model}})\end{cases} \tag{4.35}$$

式中，η 为学习率，$<\ >_{\text{data}}$ 为数学期望值；$<\ >_{\text{model}}$ 为模型期望值。

因为模型期望值很难通过计算得到，所以可利用对比散度算法求取（只需要 k 次迭代）模型期望值，一般情况下，k 等于 1。对比散度算法先根据输入

值初始化可视层，然后根据可视层的值和条件分布计算出隐藏层各神经元的值（也可利用隐藏层和条件概率分布计算可视层各神经元的值）。利用对比散度算法更新式（4.35），可得

$$\begin{cases}\Delta w_{ij}=\eta(<v_ih_j>_{\text{data}}-<v_ih_j>_{\text{cd-1}})\\ \Delta a_i=\eta(<v_i>_{\text{data}}-<v_i>_{\text{cd-1}})\\ \Delta b_j=\eta(<h_j>_{\text{data}}-<h_j>_{\text{cd-1}})\end{cases} \tag{4.36}$$

式中，η 为学习率；$<\ >_{\text{cd-1}}$ 是利用对比散度算法求取的模型期望值。

3. 高斯–伯努利受限玻尔兹曼机

为了方便处理连续数据，Krizhevsky 和 Hinton 于 2009 年共同提出了高斯–伯努利受限玻尔兹曼机（Gaussian-Bernoulli Restricted Boltzmann Machine，GBRBM）的概念，用于为非二项分布数据建模。在高斯–伯努利受限玻尔兹曼机中，假设其可视层服从高斯分布、隐藏层服从伯努利分布，则高斯–伯努利受限玻尔兹曼机的能量函数为

$$E(\boldsymbol{v},\boldsymbol{h}\mid\theta)=\sum_i\frac{(v_i-a_i)^2}{2\sigma_i^2}-\sum_j b_jh_j-\sum_i\sum_j\frac{v_i}{\sigma_i^2}w_{ij}h_j \tag{4.37}$$

式中，$\boldsymbol{v}$ 表示可视层的状态向量；$\boldsymbol{h}$ 表示隐藏层的状态向量；$\theta=\{w_{ij},a_i,b_j\}$；$v_i\in\{0,1\}$，为可视层神经元；$h_j\in\{0,1\}$，为隐藏层神经元；$w_{ij}$ 为可视层和隐藏层之间的权值；a_i 是可视层神经元 v_i 的偏置项；b_j 是隐藏层神经元 h_j 的偏置项；σ_i 为可视层节点 i 的标准差。

在高斯–伯努利受限玻尔兹曼机中，可视层节点和隐藏层节点的条件概率分布为

$$P(h_j=1\mid\boldsymbol{v})=\max(a_i+\sum_i w_{ij}\frac{v_i}{\sigma_i^2},0) \tag{4.38}$$

$$P(v_i=x\mid\boldsymbol{h})=N(x\mid a_i+\sum_j w_{ij}h_j,\sigma_i^2) \tag{4.39}$$

在高斯–伯努利受限玻尔兹曼机中，也可应用对比散度算法进行训练学习，参数的计算公式为

$$\begin{cases} \Delta w_{ij} = \eta(<\dfrac{1}{\sigma^2}v_i h_j>_{\text{data}} - <\dfrac{1}{\sigma^2}v_i h_j>_{\text{cd-1}}) \\ \Delta a_i = \eta(<\dfrac{1}{\sigma^2}v_i>_{\text{data}} - <\dfrac{1}{\sigma^2}v_i>_{\text{cd-1}}) \\ \Delta b_j = \eta(<h_j>_{\text{data}} - <h_j>_{\text{cd-1}}) \end{cases} \tag{4.40}$$

式中，η为学习率；$< \ >_{\text{data}}$表示数学期望值；$< \ >_{\text{cd-1}}$表示利用对比散度算法求取的模型期望值。

4.4.2 受限玻尔兹曼机的训练

从上一节求取参数的更新公式可知，在受限玻尔兹曼机中很难计算数学期望值和模型期望值，因此，通常使用采样的方法（如Gibbs采样法或对比散度算法）近似计算最大似然估计的梯度。

1. Gibbs采样法

Gibbs采样法用于在难以直接采样时从某一多变量概率分布中近似抽取样本序列。假设某系统由n个变量构成，定义系统状态$s=(s_1,s_2,\cdots,s_n)$，对于任意一个变量s_i，都能直接从条件概率分布$P(s_i \mid s_1,s_2,\cdots,s_{i-1},s_{i+1},\cdots,s_n)$中采样。给定一个$N$维随机向量$\boldsymbol{S}=(S_1,S_2,\cdots,S_N)$，假设无法求得随机向量$\boldsymbol{S}$的联合概率分布$P(\boldsymbol{S})$，但可以通过一系列的采样最终获得近似的概率分布。对于随机向量$\boldsymbol{S}$，在已知其他分量的情况下，第k个分量S_k的条件概率为$P(S_k \mid S_{-k})$。其中，$S_{-k}=(S_1,S_2,\cdots,S_{k-1},S_{k+1},\cdots,S_N)$。为随机向量$\boldsymbol{S}$设置一个初始状态：$\boldsymbol{S}^{(0)}=[S_1^{(0)},S_2^{(0)},\cdots,S_N^{(0)}]$，即从$\boldsymbol{S}^{(0)}$出发，由分量的条件概率对各个分量进行采样，从而得到$\boldsymbol{S}^{(1)}$。依次按照向量分量的条件概率采样，假设经过t次采样后得到的样本为$\boldsymbol{S}^{(t)}$，则$\boldsymbol{S}^{(t)}=[S_1^{(t)},S_2^{(t)},\cdots,S_N^{(t)}]$。随着$t$的增加，$P(\boldsymbol{S}^{(t)})$的概率分布会按照$t$的几何级数迅速收敛至所求随机向量$\boldsymbol{S}$的联合概率分布$P(\boldsymbol{S})$。换句话说，Gibbs采样法可以让我们在未知联合概率分布$P(\boldsymbol{S})$的条件下对其进行采样。Gibbs采样法的具体步骤如下。

❶ 为随机向量$\boldsymbol{S}$设置一个初始状态$\boldsymbol{S}^{(0)}$。

❷ 初始化t，令t等于0。

❸ 对 $\boldsymbol{S}^{(t)}$的每个分量，按 $P(S_i^{(t+1)} \mid S_1^{(t+1)},S_2^{(t+1)},\cdots,S_{i-1}^{(t+1)},S_{i+1}^{(t+1)},\cdots,S_N^{(t+1)})$ 采样。

❹ t 递增，即令 $t=t+1$。

❺ 若 t 小于 n，则返回❸。

❻ 返回 $\boldsymbol{S}^{(t)}$作为采集到的样本。

由于受限玻尔兹曼机是对称结构，并且节点具有条件独立的特点，因此可以使用 Gibbs 采样法得到服从受限玻尔兹曼机定义的分布样本。

在受限玻尔兹曼机中执行 k 步 Gibbs 采样的具体步骤如下。

❶ 利用一个训练样本初始化可视层的状态向量 $\boldsymbol{v}^{(0)}$。

❷ 根据 $P(\boldsymbol{h} \mid \boldsymbol{v},\theta)$采样得到 $\boldsymbol{h}^{(0)}$。

❸ 根据 $P(\boldsymbol{v} \mid \boldsymbol{h},\theta)$采样得到 $\boldsymbol{v}^{(1)}$。

❹ 重复上述过程，迭代采样 $\boldsymbol{v}$ 和 $\boldsymbol{h}$。

在采样量足够大的情况下，从理论上讲，可以得到服从受限玻尔兹曼机定义的分布样本，这些分布样本可用于计算式（4.32）中右侧的第二项。但在实际执行过程中，每次进行 Gibbs 采样，都需要通过无数次的状态转移才能确保采集的样本服从受限玻尔兹曼机定义的分布，这一过程无疑加重了训练的复杂度。因此，这种方法虽然在理论上可行，但从执行效率上仍是不可行的。

2. 对比散度算法

目前，对比散度（CD）算法已成为训练受限玻尔兹曼机的标准算法。由于训练数据来自目标分布，因此只需要使用 k（通常 k=1）次 Gibbs 采样便可得到足够好的近似效果。

对比散度算法的执行过程如下。

❶ 在给定受限玻尔兹曼机的可视层数据后，根据式（4.33）分别计算被激活的隐藏层神经元与未被激活的隐藏层神经元的概率。

❷ 在该层神经元的状态确定之后，利用式（4.34）分别计算可视层中第 i 个神经元 v_i 被激活与未被激活的概率，从而确定可视层神经元的状态，并实现

可视层神经元的重构。

若在使用随机梯度上升法进行寻优时，给定训练数据 $\boldsymbol{v}^{(n)}$，则参数的计算公式为

$$\begin{cases}\Delta w_{ij}=\eta(<v_i h_j>_{\text{data}}-<v_i h_j>_{\text{recon}})\\ \Delta a_i=\eta(<v_i>_{\text{data}}-<v_i>_{\text{recon}})\\ \Delta b_j=\eta(<h_j>_{\text{data}}-<h_j>_{\text{recon}})\end{cases} \tag{4.41}$$

式中，η 是学习率；data 表示概率分布 $P(\boldsymbol{h}\,|\,\boldsymbol{v}^{(n)};\theta)$；recon 表示在第 1 次重构后受限玻尔兹曼机的分布。

受限玻尔兹曼机的训练过程如下。

❶ 设置输入：采样次数 $\boldsymbol{k}$、训练集向量 $\boldsymbol{X}$、学习率 $\boldsymbol{\eta}$、可视层的状态向量 $\boldsymbol{v}$、隐藏层的状态向量 $\boldsymbol{h}$；设置输出：权值矩阵 $\boldsymbol{W}$、可视层的偏置向量 $\boldsymbol{A}$、隐藏层的偏置向量 $\boldsymbol{B}$。

❷ 初始化 $\boldsymbol{W}$、$\boldsymbol{A}$、$\boldsymbol{B}$ 为小随机数，并对所有 $\boldsymbol{v}\in\boldsymbol{X}$，执行如下循环。

$\boldsymbol{v}^{(0)}=\boldsymbol{v}$

对于 $t=0,1,2,\cdots,k-1$，执行：

对于 $j=0,1,2,\cdots,n_h$，采样 $h_j^{(t)}\sim P(h_j\,|\,\boldsymbol{v}^{(t)})$；

对于 $i=0,1,2,\cdots,n_v$，采样 $v_j^{(t+1)}\sim P(v_j\,|\,\boldsymbol{h}^{(t)})$；

对于 $i=0,1,2,\cdots,n_v$， $j=0,1,2,\cdots,n_h$，执行：

$w_{ij}\leftarrow w_{ij}+\eta(P(h_j=1\,|\,\boldsymbol{v}^{(0)})v_i^{(0)}-P(h_j=1\,|\,\boldsymbol{v}^{(k)})v_i^{(k)})$，

$a_i\leftarrow a_i+\eta(\boldsymbol{v}^{(0)}-\boldsymbol{v}^{(k)})$，

$b_i\leftarrow b_i+\eta(P(h_j=1\,|\,\boldsymbol{v}^{(0)})-P(h_j=1\,|\,\boldsymbol{v}^{(k)}))$

在对比散度算法中，若 k 等于 1，则只进行一次 Gibbs 采样，即可取得较

好的拟合效果，因此，一般采用 CD–1 算法（对比散度算法，k 等于 1）的形式拟合受限玻尔兹曼机中各参数的值。

4.5 深度学习的常用网络：深度置信网络

深度置信网络既可以用于无监督学习，也可以用于有监督学习。目前，深度置信网络已成功应用于文本分类、图像识别、自然语言处理等领域，并取得了非常不错的效果。

4.5.1 深度置信网络的构建

深度置信网络由多层受限玻尔兹曼机和一层有监督的反向传播网络构成。

- 深度置信网络的组成元件为受限玻尔兹曼机，即每一层为一个受限玻尔兹曼机。
- 基于深度学习的理论，通过堆积多个受限玻尔兹曼机形成一个多层的深度置信网络，并在最上层设置一个反向传播网络，用于有监督学习。

基于多层的结构特点，相对其他网络而言，深度置信网络更容易获得数据集的压缩编码和特征。

深度置信网络由两部分神经元组成：显性神经元和隐性神经元。

- 显性神经元用于接收输入数据。
- 隐性神经元用于特征提取。

位于层内的神经元之间无连接，位于层间的神经元之间有双向连接。该结构保证了层内神经元无互连的条件独立性，即在给定显性神经元取值时，与对应的隐性神经元取值是互不相关的；在给定隐性神经元取值时，与对应的显性神经元取值也是互不相关的。

下面以两层受限玻尔兹曼机和 Softmax 分类算法为例构建深度置信网络，操作步骤如下。

❶ 设置第 1 个训练好的受限玻尔兹曼机的权值和偏置项，将其隐性神经元所处的状态作为第 2 个受限玻尔兹曼机的输入。

❷ 对第 2 个受限玻尔兹曼机进行训练，并堆叠于第 1 个受限玻尔兹曼机上。

❸ 若有多层受限玻尔兹曼机，则重复上述过程。由于此处仅有两层受限玻尔兹曼机，因此结束循环。若训练集中含有带标签的样本，则可在训练第 2 个受限玻尔兹曼机时加入。

❹ 采用 Softmax 算法对数据进行分类。

4.5.2 深度置信网络的训练

深度置信网络需要通过训练提高受限玻尔兹曼机的特征提取能力，目的是求得一个最接近训练样本的联合概率分布，从而能够更准确、抽象地提取或还原特征。简单来说，深度置信网络的训练过程就是寻找可视层神经元和隐藏层神经元之间连接的最优权值，可采用对比散度算法来更新权值。

深度置信网络的训练过程如下。

❶ 逐层训练受限玻尔兹曼机：在每一层中，受限玻尔兹曼机的可视层向量，通过映射可以得到隐藏层向量，随后将这个隐藏层向量作为下一个受限玻尔兹曼机的可视层向量输入。依次类推，不断通过隐藏层和可视层的相关性误差更新各层的权值。在这个训练过程中，第一层的受限玻尔兹曼机的误差会传递到第二层；第二层的受限玻尔兹曼机的误差会传递到第三层……直至将误差传递到最后一层的受限玻尔兹曼机。

❷ 在最后一层的受限玻尔兹曼机上添加一个反向传播网络。反向传播网络将最后一层受限玻尔兹曼机的输出向量作为输入向量，并且将一个标签集附加到该层，通过自上而下的顺序对整个网络的权值进行相应的调整。

由于可将受限玻尔兹曼机的输出向量视为反向传播网络的初始化参数，因此反向传播网络不易陷入局部最优的问题，也避免了出现训练时间过长的情况。

综上所述，可将深度置信网络的训练分为两个过程：无监督的逐层预训练和有监督的训练。

1. 无监督的逐层预训练

无监督的逐层预训练是深度置信网络与其他网络的主要区别：无监督的逐层预训练通过把数据从输入映射到输出来学习非线性复杂函数，是深度置信网络具备强大特征提取能力的根本原因。

无监督的逐层预训练的执行过程如下。

❶ 由第 1 个受限玻尔兹曼机的可视层产生一个向量，并将其传递到隐藏层。

❷ 通过隐藏层向量重构可视层，并根据重构的可视层和原有可视层的差异，更新隐藏层和可视层之间的权值，直到达到最大的迭代次数。

❸ 把得到的隐藏层向量作为下一个受限玻尔兹曼机的可视层输入，并逐层堆叠。

通过无监督的逐层预训练，可从原始数据中逐层提取特征，从而获得一些高层次的表达，避免因训练整体的深度置信网络而出现复杂运算。

2. 有监督的训练

由于先前构建的每一层受限玻尔兹曼机都只能确保自身层内的权值对该层的特征映射提取达到最优，因此为保证整体结果也能达到最优，可在无监督的逐层预训练完成后，在深度置信网络的最顶层添加标签数据，从而对深度置信网络进行有监督的训练，即通过反向传播网络对深度置信网络的相关参数进行微调。

通过对深度置信网络进行有监督的训练，可进一步减小训练误差。与无监督训练中每次只训练一层相比，基于反向传播的有监督训练可同时对所有层的参数进行微调。

反向传播网络是一种有监督的分类器，用于对受限玻尔兹曼机在训练阶段得到的特征向量进行分类，进而起到微调深度置信网络参数的作用。反向传播网络的训练分为前向传播和反向传播两个过程。

- 在前向传播中，输入的特征向量被逐层传播到输出层，得到预测的分类结果。
- 在反向传播中，通过将得到的分类结果与期望值的类别进行比较得到误差，并将该误差逐层回传，从而微调深度置信网络的参数。

此外，为了提高训练效率，可在深度置信网络的训练过程中，每次选取一定数量的样本组成“小批样本”，而不是每次仅用一个样本进行训练。

深度置信网络的工业应用案例

下面以冷轧带钢的智能化生产为例，讲解深度置信网络的工业应用方法。传统的冷轧系统建模大多是通过分析冷轧生产过程，围绕板形控制建立的一系列机理模型。由于冷轧带钢的生产过程过于复杂，许多机理模型建立在理想的假设条件下，因此一旦假设不成立，就会对冷轧带钢的生产造成扰动，从而导致产品质量下降，甚至会引发设备故障和资源浪费。冷轧带钢生产流程的顺利进行大多需要有经验的工作人员全程参与指导，造成了大量人力、物力的消耗，增加了冷轧带钢生产的成本。因此，许多专家学者开始致力于研究冷轧带钢的智能化生产模型。

随着冷轧带钢的生产流程逐渐变得精细化，轧制过程也变得日益复杂。以反向传播网络为代表的浅层模型，难以描述高维数据变量与板形目标之间复杂的映射关系，即面临维数灾难等问题（维数灾难是指在涉及向量的计算中，随着维数的增加，计算量呈指数型增长的一种现象）。

为了解决这一问题，专家学者开始研究更好的模型。其中一种思路就是结合先进的深度学习算法，通过增加网络模型的深度来解决一般神经网络难以学习高维模型特征的问题。在冷轧带钢的生产过程中，产生的过程变量众多（在进行特征选择后仍有 129 个过程变量），具有较高的数据维数，为此借助深度置信网络在高维非线性数据特征提取和处理方面的优势，设计了一种基于深度置信网络的冷轧带钢的板形预测模型（以下简称预测模型）。

假设在受限玻尔兹曼机中，有 i 个可视层节点和 j 个隐藏层节点，并且每个可视层节点的状态只受 j 个隐藏层节点的影响，每个隐藏层节点只受 i 个可视层节点的影响。设置第一个受限玻尔兹曼机的可视层节点数量为 129，由在预测模型中输入的生产过程变量个数决定。

在预测模型中，与受限玻尔兹曼机相关的重要参数有 3 个：可视层与隐藏层之间的权值 $w_{i,j}$；可视层节点的偏置项 $a_{i,j}$；隐藏层节点的偏置项 $b_{i,j}$。设置 $\theta=\{w_{i,j},a_{i,j},b_{i,j}\}$，表示与受限玻尔兹曼机相关的 3 个参数。这 3 个参数决定了受限玻尔兹曼机如何将一个 i 维的样本映射成一个 j 维的样本。

本例采用高斯–伯努利受限玻尔兹曼机作为组成元件。基于能量函数的可视层和隐藏层的联合概率分布为

$$p(\boldsymbol{v},\boldsymbol{h})=\frac{1}{Z}\mathrm{e}^{-E(\boldsymbol{v},\boldsymbol{h})} \tag{4.42}$$

$$Z=\sum_{\boldsymbol{v},\boldsymbol{h}}\mathrm{e}^{-E(\boldsymbol{v},\boldsymbol{h})} \tag{4.43}$$

能量函数 $E(\boldsymbol{v},\boldsymbol{h})$ 可表示为

$$E(\boldsymbol{v},\boldsymbol{h})=-\sum_{i\in\boldsymbol{v}}a_i v_i-\sum_{i\in\boldsymbol{h}}b_j h_j-\sum_{i,j}v_i h_j w_{ij} \tag{4.44}$$

由于在冷轧带钢的生产过程中产生的数据是连续的数值型数据，因此采用高斯激活函数可将数值范围扩展到 $(-\infty,+\infty)$，对应的能量函数为

$$E(\boldsymbol{v},\boldsymbol{h})=-\sum_{i\in\boldsymbol{v}}\frac{(a_i-v_i)^2}{2\sigma_i^{\ 2}}+\sum_{i\in\boldsymbol{h}}\frac{(b_j-h_j)^2}{2\sigma_j^{\ 2}}-\sum_{i,j}\frac{v_i}{\sigma_i}\frac{h_j}{\sigma_j}w_{ij} \tag{4.45}$$

式中，σ_i 为可视层的高斯噪声标准差；σ_j 为隐藏层的高斯噪声标准差。在实际应用中，数据一般会进行归一化处理，即设置标准差为 1。

由联合概率 $p(\boldsymbol{v},\boldsymbol{h})$、贝叶斯公式可以得到条件概率 $p(\boldsymbol{v}|\boldsymbol{h})$ 和 $p(\boldsymbol{h}|\boldsymbol{v})$，

进而得到可视层和隐藏层中各神经元的计算公式为

$$p(\boldsymbol{v}) = \int_{\boldsymbol{h}} \mathrm{e}^{-E(\boldsymbol{v},\boldsymbol{h})} / \iint_{\boldsymbol{v},\boldsymbol{h}} \mathrm{e}^{-E(\boldsymbol{v},\boldsymbol{h})} \tag{4.46}$$

$$p(\boldsymbol{h}) = \int_{\boldsymbol{v}} \mathrm{e}^{-E(\boldsymbol{v},\boldsymbol{h})} / \iint_{\boldsymbol{v},\boldsymbol{h}} \mathrm{e}^{-E(\boldsymbol{v},\boldsymbol{h})} \tag{4.47}$$

$$p(\boldsymbol{v} \mid \boldsymbol{h}) = p(\boldsymbol{v},\boldsymbol{h}) / p(\boldsymbol{v}) = \mathrm{e}^{-E(\boldsymbol{v},\boldsymbol{h})} / \int_{\boldsymbol{h}} \mathrm{e}^{-E(\boldsymbol{v},\boldsymbol{h})} \tag{4.48}$$

$$p(\boldsymbol{h} \mid \boldsymbol{v}) = p(\boldsymbol{v},\boldsymbol{h}) / p(\boldsymbol{h}) = \mathrm{e}^{-E(\boldsymbol{v},\boldsymbol{h})} / \int_{\boldsymbol{v}} \mathrm{e}^{-E(\boldsymbol{v},\boldsymbol{h})} \tag{4.49}$$

$$h_j = b_j + \sigma_j \sum_{i \in \boldsymbol{v}} \frac{v_i}{\sigma_i} w_{ij} \tag{4.50}$$

$$v_j = a_j + \sigma_j \sum_{j \in \boldsymbol{h}} \frac{h_j}{\sigma_j} w_{ij} \tag{4.51}$$

由受限玻尔兹曼机的原理可知，每个受限玻尔兹曼机只要知道可视层的输入、对应的权值及偏置项就可以得到隐藏层的值，反之亦然。深度置信网络作为随机网络，每两层相邻的神经元组成一个受限玻尔兹曼机，并进行逐层训练。每层受限玻尔兹曼机在训练时相当于设计了一个转移矩阵。经过足够多次的状态转移后，隐藏层得到的值可以随可视层的变化而变化，即在冷轧带钢的板形预测模型中，受限玻尔兹曼机的训练目的是找到可以替代当前可视层输入的样本，并将其作为下一个受限玻尔兹曼机的输入。这样处理有两个好处：

- 逐层训练过程可以有效解决由深度置信模型导致的梯度弥散或扩散问题。
- 虽然在利用算法进行输入参数的选择时，可以删除无关或关联度较小的过程变量，但仍无法保证没有冗余变量存在。通过受限玻尔兹曼机的训练，可以降低提取特征的维度。

预测模型的示意图如图 4.13 所示。

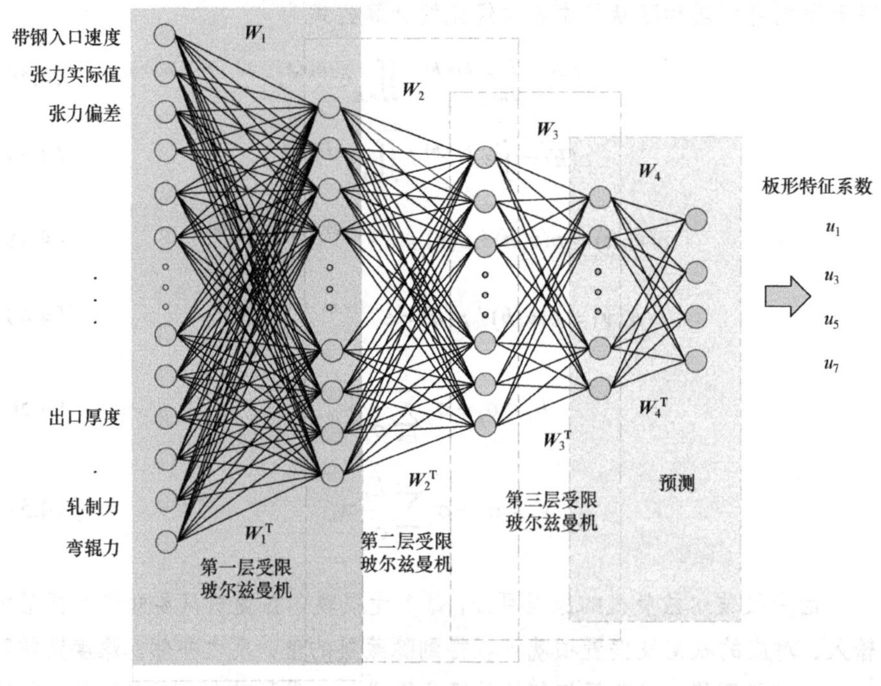

图 4.13　预测模型的示意图

在预测模型中，受限玻尔兹曼机基于最大似然估计理论进行无监督训练。它的训练目标是通过调整权值和偏置项令 $p(\boldsymbol{v})$ 最大化，尽可能拟合原始冷轧带钢的过程变量。当 $\boldsymbol{v}=\boldsymbol{v}_s$（可视层的输入向量为预测模型的输入向量）时，梯度的更新参数可以通过下式得到，即

$$\frac{\partial \ln p(\boldsymbol{v}_s)}{\partial \theta}=-\int_{\boldsymbol{h}} p(\boldsymbol{h}\,|\,\boldsymbol{v}_s)\frac{\partial E(\boldsymbol{v}_s,\boldsymbol{h})}{\partial \theta}+\int_{\boldsymbol{v}} p(\boldsymbol{v})\int_{\boldsymbol{h}} p(\boldsymbol{h}\,|\,\boldsymbol{v})\frac{\partial E(\boldsymbol{v},\boldsymbol{h})}{\partial \theta} \tag{4.52}$$

其主要思想是将预测模型的输入向量在可视层和隐藏层之间传递。通过进行 k 次状态转移，使得网络的可视层神经元和隐藏层神经元的数据分布处于一个平衡状态，即隐藏层神经元的数据分布状态能够代表可视层神经元的数据分布状态。为了简化计算，可使用对比散度算法（CD-1）实现上述过程。利用采样得到的数据重构模型的输入向量，其公式可近似为

$$CD_k(\theta,\boldsymbol{v}^0)=-\frac{\partial E(\boldsymbol{v}^0,\boldsymbol{h}^0)}{\partial\theta}+\frac{\partial E(\boldsymbol{v}^k,\boldsymbol{h}^k)}{\partial\theta} \tag{4.53}$$

在训练受限玻尔兹曼机时，预测模型的网络权值参数的更新公式为

$$w_{ij}^{\text{epoch}+1}=w_{ij}^{\text{epoch}}+m\Delta w_{ij}^{\text{epoch}-1}+r\Delta w_{ij}^{\text{epoch}}-dw_{ij}^{\text{epoch}} \tag{4.54}$$

$$\Delta a_i=\frac{v_i}{\sigma_{i\ \text{data}}}-\frac{v_i}{\sigma_{i\ \text{recon}}} \tag{4.55}$$

$$a_i^{\text{epoch}+1}=a_i^{\text{epoch}}+m\Delta a_i^{\text{epoch}-1}+r\Delta a_i^{\text{epoch}} \tag{4.56}$$

$$\Delta b_j=\frac{h_j}{\sigma_{j\ \text{data}}}-\frac{h_j}{\sigma_{j\ \text{recon}}} \tag{4.57}$$

$$b_j^{\text{epoch}+1}=b_j^{\text{epoch}}+m\Delta b_j^{\text{epoch}-1}+r\Delta b_j^{\text{epoch}} \tag{4.58}$$

式中，m 是动量系数；r 是学习率；d 是惩罚因子。

预测模型的训练（应用 CD-k 算法）伪代码如下所示。

输入：$\boldsymbol{v}$ 和 $\boldsymbol{h}$，输入样本记为 B（第 1 层受限玻尔兹曼机的可视层向量 $\boldsymbol{v}$ 为预测模型的输入向量 $\boldsymbol{X}$，其他层的输入向量为上一层受限玻尔兹曼机的输出向量 $\boldsymbol{h}$）

输出：梯度差值 $\Delta\boldsymbol{w},\Delta\boldsymbol{a},\Delta\boldsymbol{b}$

初始化 $\Delta w_{ij}=\Delta a_i=\Delta b_j=0$，$i=1,\cdots,n$，$j=1,\cdots,m$

for 所有的输入样本属于 B

　　$\boldsymbol{v}^{(0)}\leftarrow$ 输入样本

　　for $t=0,\cdots,k$

　　　　for $j=1,\cdots,m$　h_j^k 由 $p(h_j\mid\boldsymbol{v}^{(t)})$ 采样得到

　　　　for $i=1,\cdots,n$　v_i^{t+1} 由 $p(v_i\mid\boldsymbol{h}^{(t)})$ 采样得到

　　　　$h_j^{(k)}$ 由 $p(h_j\mid\boldsymbol{v}^{(k)})$ 采样得到，$j=1,\cdots,m$

　　for $i=1,\cdots,n,j=1,\cdots,m$

　　　　$\Delta w_{ij}\leftarrow\Delta w_{ij}+v_i^{(0)}\cdot h_j^{(0)}-v_i^{(k)}\cdot h_j^{(k)}$

　　　　$\Delta a_i\leftarrow\Delta a_i+v_i^{(0)}-v_i^{(k)}$

$\Delta b_j \leftarrow \Delta b_j + h_j^{(0)} - h_j^{(k)}$
结束
结束

每层受限玻尔兹曼机均按照上述过程训练。受限玻尔兹曼机无监督逐层预训练算法的伪代码如下所示。

输入：深度置信网络结构，预测模型的输入向量 $\boldsymbol{X}$
输出：训练完成的深度置信网络结构，包含网络的权值参数
for 各层的受限玻尔兹曼机
  初始化网络参数的权值矩阵 $\boldsymbol{w}$，以及偏置向量 $\boldsymbol{a}$ 和 $\boldsymbol{b}$
  如果该受限玻尔兹曼机是第 1 层，则对其进行训练，并输入 $\leftarrow \boldsymbol{X}$
    否则输入 $\leftarrow \boldsymbol{h}$ 隐藏层输出
  for $\text{epoch} = 1, \cdots, e$
    for $k = 1, \cdots, \text{floor}(N_{\text{sample}} / N_{\text{batchsize}})$
      $\boldsymbol{B} \leftarrow$ 从输入向量 $\boldsymbol{X}$ 提取一个批次的数据集作为输入
      $\Delta \boldsymbol{w}, \Delta \boldsymbol{a}, \Delta \boldsymbol{b} \leftarrow \text{CD-}k$ 算法
      $\boldsymbol{w} \leftarrow \boldsymbol{w} + r \cdot \Delta \boldsymbol{w}$
      $\boldsymbol{a} \leftarrow \boldsymbol{a} + r \cdot \Delta \boldsymbol{a}$
      $\boldsymbol{b} \leftarrow \boldsymbol{b} + r \cdot \Delta \boldsymbol{b}$
    结束
  结束
  $\boldsymbol{h} \leftarrow \boldsymbol{X} \cdot \boldsymbol{w} + \boldsymbol{b}$
结束

在预测模型的有监督训练中，将最后一层受限玻尔兹曼机与一个全连接层连接，并作为预测模型的输出，可得到板形特征系数。

有监督训练的核心是建立损失函数，并通过不断地迭代和调整网络参数将其最小化。引入反向传播算法，对参数进行优化。待优化的参数包括受限玻尔兹曼机的结构、全连接层的权值矩阵和偏置向量。选择特征系数的预测值与实际值之间的均方误差作为损失函数，则损失函数的表达式为

$$f(\theta)=\min(\frac{1}{n}\sum_{i=1}^{n}(Y_i-Y_i^*)^2) \tag{4.59}$$

式中，Y_i为特征系数的实际值；Y_i^*为特征系数的预测值；θ为所有参数。

随着深度置信网络层数的增加，局部最小点与鞍点的数目成倍增加，使得网络训练容易陷入局部最小点甚至鞍点。在传统的梯度下降算法中，由于对初始点极为敏感，以及使用固定的学习率，因此不适合在含有多个隐藏层的神经网络中使用。为了获得更好的梯度更新效果，可使用动量方法 Momentum、基于自适应学习率的 Adam 随机优化方法等更新程序。

综上所述，基于深度置信网络预测模型的训练过程如下。

❶ 对冷轧带钢的过程变量进行数据预处理，包括数据清洗和数据规范化处理等。

❷ 通过算法对过程变量进行特征选择，筛选出与板形相关性较高的变量作为预测模型的输入。

❸ 通过基于 CD-k 的无监督训练对冷轧带钢的过程变量进行数据降维和特征提取，可在保留重要信息的前提下减少冗余。

❹ 基于 Adam 算法对预测模型的有监督训练参数进行微调，从而提高预测模型的预测精度。

4.6 深度学习的常用框架

4.6.1 Theano

Theano 最初诞生于蒙特利尔大学的 LISA 实验室，于 2008 年开始开发，是第一个具有较大影响力的 Python 深度学习框架。

Theano 是一个 Python 库，可用于定义、优化和计算数学表达式。在解决数据量较大的问题（特别是多维数组）时，使用 Theano 编程可实现比 C 语言更快的速度。通过 GPU 加速，Theano 甚至可以比基于 CPU 计算的 C 语言快上几个数量级。Theano集成了计算机代数系统（Computer Algebra System，CAS）和编译器，可以为多种数学运算生成定制的C语言代码。计算速度对于含有重复计算的复杂数学计算任务而言尤为重要，因此CAS和编译器的组合非常实用。

Theano诞生于研究机构，虽然其设计具有较浓厚的学术气息，但在工程设计上具有较大的缺陷。一直以来，Theano因调试困难、构图慢等缺点为设计人员所诟病。为了加速深度学习的研究，研究人员基于Theano又开发了Lasagne、Blocks、Pylearn2和Keras等第三方框架。这些框架以Theano为基础，提供了更好的封装接口，以方便用户使用。

2017年9月28日，在Theano 1.0正式版即将发布的前夕，LISA实验室的负责人、深度学习的三巨头之一Yoshua Bengio宣布Theano将停止开发。尽管Theano即将退出历史舞台，但作为第一个Python深度学习框架，它很好地完成了自己的使命，为深度学习研究人员的早期拓荒提供了极大帮助，同时也为深度学习框架的开发奠定了基本的设计方向：以计算图为框架的核心，采用GPU加速计算。

4.6.2 TensorFlow

2015年11月10日，谷歌公司宣布推出全新的机器学习开源工具TensorFlow。TensorFlow最初由谷歌公司的机器智能研究部门开发，是基于深度学习的基础架构DistBelief构建起来的。TensorFlow主要用于进行机器学习和深度神经网络方面的研究。由于谷歌公司在深度学习领域的巨大影响力和强大的推广能力，TensorFlow一经推出就获得了用户的极大关注，并迅速成为目前用户数量最多的深度学习框架。

TensorFlow在很大程度上可以看作Theano的后继者，都是基于计算图实现的自动微分系统。TensorFlow使用数据流图进行数值计算：图中的节点代表数学运算；图中的边代表这些节点之间传递的多维数组（张量）。

TensorFlow的编程接口支持Python和C++。随着1.0版本的公布，该编程接口也支持Java、Go、R和Haskell语言。此外，TensorFlow还可在Google Cloud和AWS中运行，并支持Windows 7、Windows 10和Windows Server 2016。由于TensorFlow使用了C++的Eigen矩阵库，Eigen矩阵库可在ARM架构上编译和优化，因此用户可以在各种服务器和移动设备上部署自己的训练模型，无须执行单独的模型解码器或者加载Python解释器。

作为当前流行的深度学习框架，TensorFlow获得了极大成功，但对它的批评也不绝于耳，总结起来主要有以下4点。

- 过于复杂的系统设计。TensorFlow在GitHub代码仓库中的总代码量超过100万行。这么大的总代码量，不仅对于项目维护者来说较为困难，而且对于使用者来说，学习TensorFlow的底层运行机制更是一个极其痛苦的过程。
- 频繁变动的接口。TensorFlow的接口一直处于快速迭代之中，并且没有很好地考虑向后兼容性，这就导致许多的开源代码已无法在新版的TensorFlow上运行，同时也导致许多基于TensorFlow的第三方框架出现错误。
- 接口设计过于晦涩难懂。在设计TensorFlow时，创造了图、会话、命名空间、PlaceHolder等诸多抽象概念，对普通用户来说难以理解。对于同一个功能，TensorFlow提供了多种实现方式。这些实现方式不仅良莠不齐，而且在使用中还有细微的区别。
- 文档混乱。TensorFlow作为一个复杂的系统，其文档和教程众多，但缺乏明显的条理和层次。虽然查找文档很方便，但却很难找到一个循序渐进的入门教程。由于直接使用TensorFlow的生产效率过于低下，很多开发者尝试基于TensorFlow构建一个更易用的接口，包括Keras、Sonnet、TFLearn、TensorLayer、Slim、Fold、PrettyLayer等。

凭借谷歌公司强大的推广能力，TensorFlow已成为当今最炙手可热的深度学习框架。但由于其自身的缺陷，TensorFlow离最初的设计目标还很遥远。另外，由于谷歌公司对TensorFlow的把控较为严格，因此各大公司都在开发自己的深度学习框架。

4.6.3 Keras

Keras 使用 Python 编写，并使用 TensorFlow、Theano 及 CNTK 作为后端程序。通过 Keras，研究人员能够把想法迅速转换为结果。Keras 是很容易使用的深度学习框架，提供了一致而简洁的接口，能够极大地减少用户的工作量。

从严格意义上讲，Keras 并不能称为一个深度学习框架。它更像一个深度学习接口。Keras 的缺点很明显：因过度封装导致灵活性丧失。

Keras 最初作为 Theano 的高级接口而研发，后来增加了 TensorFlow 和 CNTK 作为后端程序。为了屏蔽后端的差异性，Keras 提供了一致的用户接口，并做了层层封装，导致用户在新增操作或获取底层的数据信息时过于困难。过度封装也使得 Keras 的程序执行过于缓慢，许多错误都隐藏于封装之中。在绝大多数场景下，Keras 是本书介绍的所有框架中执行速度最慢的一个。

4.6.4 Caffe/Caffe2

Caffe 的全称是 Convolutional Architecture for Fast Feature Embedding，是一个清晰、高效的深度学习框架。其核心语言是 C++，支持命令行、Python 和 Matlab 接口，既可以在 CPU 上运行，也可以在 GPU 上运行。

Caffe 的优点是简洁、快速；缺点是缺少灵活性。不同于 Keras 因太多的封装导致灵活性丧失，Caffe 灵活性的缺失主要源于自身的设计：Caffe 最主要的抽象对象是层，每实现一个新的层，就必须利用 C++编写前向传播代码和反向传播代码；如果想在 GPU 上运行新层，则还需要利用 CUDA 实现新层的前向传播和反向传播。这种限制使得不熟悉 C++和 CUDA 的用户，在使用 Caffe 时感觉十分困难。

尽管 Caffe 凭借简洁的源码、出众的性能、快速的原型设计获得了众多用户的青睐，但在深度学习的新时代到来之时，Caffe 已经表现出明显的力不从心，诸多问题逐渐显现（包括灵活性丧失、扩展难、依赖的众多环境难以配置、应用局限等）。目前，在 GitHub 上还能找到许多基于 Caffe 的项目，但是新的项目已经变得越来越少了。

Caffe2 是一个兼具表现力、速度和模块化的开源深度学习框架。它沿袭了大量的 Caffe 设计，可解决多年来在 Caffe 的使用和部署中发现的瓶颈问题。Caffe2 的设计追求轻量级，在保有扩展性和高性能的同时强调了便携性。Caffe2 从一开始就以性能、扩展、移动端部署作为主要设计目标。Caffe2 的核心（C++库）是能提供较高的执行速度和较高的便携性；Python 和 C++ 接口使用户可以轻松地在 Linux、Windows、iOS、Android，甚至 Raspberry Pi 和 NVIDIA Tegra 上进行原型设计、训练和部署。

Caffe2 继承了 Caffe 的优点，在速度上令人印象深刻：Facebook 的人工智能实验室与应用机器学习团队合作，在利用 Caffe2 大幅加速机器视觉任务的模型训练过程中，仅需 1 小时就将超大规模的数据集（ImageNet）训练完成。令人遗憾的是，目前 Caffe2 仍是一个不太成熟的框架：官网至今没有提供完整的文档；安装比较麻烦；在编译过程中时常出现异常；在 GitHub 上很少能够找到相应的代码。

4.6.5 MXNet

MXNet 是一个深度学习框架，是 CXXNet 的下一代产品，支持 C++、Python、R、Scala、Julia、Matlab 及 JavaScript 等语言；支持命令和符号编程；可以运行在 CPU、GPU、集群、服务器、台式机或者移动设备上。

MXNet 具有超强的分布式支持特性。对于同样的模型，MXNet 往往占用更小的内存和显存，在分布式环境下，展现出了明显优于其他框架的扩展性能。

2016 年 11 月，MXNet 被 AWS 正式选择为云计算的官方深度学习平台。2017 年 1 月，MXNet 项目进入 Apache 基金会，成为 Apache 的孵化器项目。

尽管 MXNet 拥有较多的接口，也获得了不少人的支持，但其接口文档仍不够完善。虽然 MXNet 长期处于快速迭代的过程中，但是其文档却长时间未更新，导致新用户难以掌握 MXNet 的应用方法，老用户也常常需要查阅源码才能真正理解 MXNet 的用法。

4.6.6 CNTK

2015 年 8 月，微软公司在 CodePlex 上宣布由微软研究院开发的计算网络工具集 CNTK 将开源。5 个月后，即 2016 年 1 月 25 日，微软公司在 GitHub 上正式开源了 CNTK。

CNTK 的性能比 Caffe、Theano、TensoFlow 等主流工具都要强大。CNTK 支持 CPU 和 GPU 模式，与 TensorFlow、Theano 一样，把神经网络描述成一个计算图的结构，叶子节点代表输入或者网络参数，其他节点代表计算步骤。CNTK 是一个非常强大的命令行系统，可以创建神经网络的预测系统。

CNTK 最初因在 Microsoft 内部使用的目的而开发，一开始甚至没有 Python 接口。因其文档晦涩难懂，导致现在的用户较少。但就框架本身的质量而言，CNTK 表现得比较均衡，没有明显的短板，并且在语音领域取得的优势较为突出。

除了上述介绍的几个框架外，市面上还有不少具有一定影响力和用户的深度学习框架。例如，百度公司的 Paddle；由卡内基·梅隆大学开发的 DyNet；简洁无依赖，并且符合 C++ 11 标准的 tiny-dnn；使用 Java 语言开发，并且文档极其优秀的 Deeplearning4J；由英特尔公司开发的 Nervana；由亚马逊公司开发的 DSSTNE……这些框架虽然各有优缺点，但大多流行度和关注度不够，或者局限于一定的领域。此外，还有许多专门针对移动设备开发的框架，如 CoreML、MDL 等。这些框架不具有通用性，因此不适合作为研究工具使用。

第 5 章 工业人工智能面临的挑战

5.1 工业人工智能带来的变革

每一次重大的基础科学理论突破，都将给人类社会带来巨大的变革。例如，牛顿的经典力学为第一次工业革命奠定了基础；法拉第的电磁感应理论和麦克斯韦方程组为第二次工业革命奠定了基础；爱因斯坦、冯·诺依曼等科学家无疑是第三次工业革命的"幕后推手"……由此可以推断，工业人工智能的发展也将给人类社会带来巨大变革。

1. 工业人工智能将促进基础科学发展

实际上，在材料、化学、物理等基础科学领域的研究过程中充满了"大数据"：设计、实验、测试、证明等各环节，都离不开数据的搜集、选择和分析。由于物理、化学或力学规律的存在，这些领域的数据往往都呈现结构化、高质量，以及可标注的特征。机器学习算法擅长在海量数据中寻找"隐藏"的因果关系，能够快速处理科研中的结构化数据，因此得到了科研工作者的广泛关注。工业人工智能在材料、化学、物理等领域的研究上展现出巨大优势。

2. 工业人工智能将推动生产效率的提升

目前，工业互联网、智能制造和工业 4.0 等概念已经深入人心，传统企业都在向智能化、数字化转型。由工业人工智能驱动的智能分析和实时优化，已经开始帮助企业增加收入和市场份额。制造商网站（themanufacture.com）在

2018 年发布的制造业报告中称：92%的先进制造业的高管认为“智能工厂”的数字化技术（包括工业人工智能）可提高工厂的生产力水平，并使员工能够更聪明地工作。工业人工智能已经在各行业展现出广阔的应用前景，不仅能带来生产效率的提升，还会催生新的产品和新的模式，推动整个产业价值链的重构。发展工业人工智能已经成为各国间竞争的制高点之一。从国家发展的长远角度来看，工业人工智能将对经济、社会、国防等多个领域带来深远影响，成为全球竞争中的重要砝码之一。

3. 工业人工智能将有效改善人类的生存空间

自第一次工业革命以来，人类活动对自然界造成的影响越来越大，日益增长的资源需求使得土地的利用情况产生巨大变化，污染愈发严重，生物多样性锐减，人类的生存空间变得越来越恶劣。根据联合国的预测：2050 年世界人口将从现在的 76 亿增长至 98 亿。随着人口的迅速增长和经济的不断发展，全球能源消费需求将呈现直线上升趋势，高污染、高能耗的发展模式将难以为继。在这种大背景下，全世界都在大力发展太阳能、风能、核能等清洁能源，并积极研发可降解的生物质材料来替换石化产品。进入人工智能时代后，如何更好地利用大数据和机器学习等前沿技术，为环保和绿色产业赋能，成为政府、科学家、公众，以及企业的关注焦点。例如，在能源利用方面，因风力发电具有较大的波动性和不可预测性，因而难以并入电网，无法有效利用，从 2018 年开始利用天气预报、气象观测等数据训练神经网络模型，可以提供 36 小时后的风力预测，为风电并网提供了有效的技术支撑。

5.2 工业人工智能面临的挑战

在工业领域中，机理、工艺和运营流程紧密结合，使得工业人工智能在应用时要面对独特的挑战。

1. 受机器间的细微变化影响

虽然工业人工智能算法能够准确地将一组输入数据集映射到一组输出数

据集，但在映射过程中容易被机器间的细微变化所影响。工业人工智能算法需要确保单个的人工智能解决方案不会对其下游系统的工作造成干扰和冲突。

2. 无法获取大量且具有最小偏差的数据集

目前，尽管我国在人工智能领域的投资绝对值高于美国，但在制造业中的投入却明显不足：我国在人工智能领域的投资，约有23.4%集中在商业及零售领域；约有18.3%集中在自动驾驶领域；集中在制造业领域的投资不足1%。这主要因为制造业的数据采集流程更长、数据的可靠性受到较大挑战所致。人工智能算法需要输入大量且具有最小偏差的数据集，若用不准确或不充分的数据集去学习，将会产生具有较大缺陷的结果。

3. 无法采用可复制的系统和整体解决方案

在工业中应用的人工智能技术必须根据应用的具体场景进行定制，简单照搬模版的人工智能解决方案是不可行的，而且也不存在能够被大多数行业接受的、统一的人工智能系统。此外，不同行业间的技术、流程差异巨大，对人工智能有不同需求，一个人工智能系统难以满足所有工业领域的要求。

4. 网络安全隐患与日俱增

随着云平台和数据中心的兴起，数据的物理边界正在消失，特别是在越来越多的敏感数据被上传至网络后，数据的高度集中无疑使网络安全面临的挑战与日俱增，越来越多的连接技术使得工业系统容易受到网络攻击。另外，传感器被干扰也是工业人工智能系统面临的紧要问题。若使用被污染的数据训练工业人工智能系统，则系统会“学坏”，也会因内部算法不完善而导致出现决策失误。

5. 所需的复合型人才严重不足

一般来说，人工智能领域的高端人才主要集中在互联网行业，而工业技术人员对人工智能概念的理解、对技术的掌握还不是很准确，难以支撑企业的智能化转型升级。从人才的供给来看，现阶段既了解工业技术，又掌握人工智能技术，还能够进行应用开发的复合型人才严重不足。

6. 尚未就人工智能伦理形成广泛共识

2017年，国务院出台的《新一代人工智能发展规划》提出到2020年要初步建立部分领域的人工智能伦理规范。一些国内企业也在积极探讨，提出了人工智能伦理的原则，例如，人工智能的最高原则是安全可控；创新愿景是促进人类能够更平等地获取技术和能力；存在的价值是教人学习、让人成长，而非超越人、替代人；终极理想是为人类带来更多的自由和可能等。总之，有关人工智能伦理的探讨刚刚起步，参与的国际合作也相对较少，尚未形成广泛共识。

参考文献

[1] 工业互联网产业联盟. 工业人工智能白皮书[R/OL]. (2019-02) [2019-06-01]. http:// www.aii-alliance.org/index.php?m=content&c=index&a=show&catid= 23&id=567.

[2] 尼克. 人工智能简史[M]. 北京：人民邮电出版社，2017.

[3] 李杰. 工业人工智能[M]. 上海：上海交通大学出版社，2019.

[4] 中国电子技术标准化研究院，全国信息技术标准化技术委员会大数据标准工作组.工业大数据产业应用联盟[R/OL]. (2019-03) [2019-06-05]. http:// www.cesi.cn/images/editor/ 20190401/20190401145953698.pdf.

[5] Han J.W.，Kamber M.Pei J. 数据挖掘概念与技术[M]. 北京：机械工业出版社，2012.

[6] Wenhao Y. Discovering Frequent Movement Paths From Taxi Trajectory Data Using Spatially Embedded Networks and Association Rules[J]. IEEE Transactions on Intelligent Transportation Systems，2018，99:1-12.

[7] Nemet S.，Kukolj D.，Gordana Ostojić，et al. Aggregation framework for TSK fuzzy and association rules: interpretability improvement on a traffic accidents case [J]. Applied Intelligence，2019，49:3903-3909.

[8] 徐敏，金远平. 一种新的周期性关联规则模型[J]. 计算机工程与科学，2000，22(4):78-81.

[9] 欧阳为民，蔡庆生. 数据库中的时态数据发掘研究[J]. 计算机科学，1998，25(4):60-63.

[10] Gan W.，Lin C.W.，Fournier Viger P.，et al. Extracting Recent Weighted-based Patterns from Uncertain Temporal Databases[J]. Engineering Applications of Artificial Intelligence，2017，61:161-172.

[11] Hong T. P.，Lin C. W.，Wu Y. L. Maintenance of Fast Updated Frequent Pattern Trees for Record Deletion [J]. Computational Statistics & Data Analysis，2009，53(7):2485-2499.

[12] Chen C.H.，Guo C.L.，Hong T. P.，et al. Mining Fuzzy Temporal Association Rules by Item Lifespans [J]. Applied Soft Computing，2016，41:265-274.

[13] 王松桂. 线性模型的理论及其应用[M]. 合肥：安徽教育出版社，1987.

[14] 林建忠. 回归分析与线性统计模型[M]. 上海：上海交通大学出版社，2018.

[15] 王黎明，陈颖，杨楠. 应用回归分析（第二版）[M]. 上海：复旦大学出版社，2018.

[16] 陈夏. 广义线性模型引论[M]. 北京：科学出版社，2017.

[17] 冯震，付敬奇，熊南. 一种快速的离群点检测方法[J]. 电子测量与仪器学报，2016，30(11):1726-1734.

[18] 周鹏，程艳云，等. 一种改进的 LOF 异常点检测算法[J]. 计算机技术与发展，2017，27(12):115-118.

[19] 周志华. 机器学习[M]. 北京：清华大学出版社，2016.

[20] Burges Christopher J.C. . A Tutorial on Support Vector Machines for Pattern Recognition [J]. Data Mining & Knowledge Discovery，1998，2(2):121-167.

[21] 胡天宇，郭庆来，孙宏斌. 基于堆叠去相关自编码器和支持向量机的窃电检测[J].电力系统自动化，2019，43(01):119-127.

[22] Gu J.，Wang Z.，Kuen J.，et al. Recent Advances in Convolutional Neural Networks [J]. Pattern Recognition，2018，77:354-377.

[23] 庄池杰，张斌，胡军，等. 基于无监督学习的电力用户异常用电模式检测[J]. 中国电机工程学报，2016，36(2):379-387.

[24] 李秋硕，王岩，孙宇军，等. K-means 改进算法在电力用户聚类辨识中的应用[J]. 信息技术，2017(10):108-112.

[25] Boulkaibet I.，Belarbi K.，Bououden S.，et al. An Adaptive Fuzzy Predictive Control of Nonlinear Processes Based on Multi-Kernel Least Squares Support Vector Regression[J]. Applied Soft Computing，2018，73:572-590.

[26] IanGoodfellow，YoshuaBengio，AaronCourville.深度学习[M].北京：人民邮电出版社，2017.

[27] 安培松. 深度学习模型的应用研究[J]. 山西科技，2017，32(5):71-75.

[28] Dean J.，Corrado Greg S，Monga R.，et al. Large Scale Distributed Deep Networks[J]. Advances in Neural Information Processing System，2012:1-9.

[29] Lin Y. C.，Chen D. D.，Chen M. S.，et al. A Precise BP Neural Network-based online Model Predictive Control Strategy for Die Forging Hydraulic Press Machine [J]. Neural Computing and Applications，2018，29(9):585-596.

[30] 周飞燕，金林鹏，董军. 卷积神经网络研究综述[J]. 计算机学报，2017，40(6):1229-1251.

[31] 朱乔木，李弘毅，王子琪，等. 基于长短期记忆网络的风电场发电功率超短期预测[J]. 电网技术，2017，41(12): 3797-3802.

[32] 吴辰文，梁靖涵，王伟. 基于递归特征消除方法的随机森林算法[J]. 统计与决策，2017(21):60-63.

[33] 张博海，何星，章渊. 基于循环神经网络的电网短期负荷预测研究[C]. 武汉：第 37 届中国控制会议，2018:8876-8881.

[34] Kingma D.，Ba J. Adam: A Method for Stochastic Optimization[J]. Computer Science，2014:1-15.

[35] Sepp H.，Jurgen S. Long Short-term Memory[J]. Neural Computation，1997，9(8):1735-1780.

[36] Zhao J. L.，Qu H.，Zhao J. H. Towards Traffic Matrix Prediction with LSTM Recurrent Neural Networks[J]. Electronics Letters，2018，54(9):566-568.

[37] Liu W. B.，Wang Z. D.，Liu X.H. A Survey of Deep Neural Network Architectures and Their Applications [J]. Neurocomputing，2017，234: 11-26.

[38] Zhang H.，Zhang S.T.，Li K. Robust Shape Prior Modeling Based on Gaussian-Bernoulli Restricted Boltzmann Machine [C].Beijing：IEEE International Symposium on Biomedical Imaging，2014:270-273.

[39] Srivastava N，Hinton G.，Krizhevsky A.，et al. Dropout: A Simple Way to Prevent Neural Networks from Overfitting [J]. Journal of Machine Learning Research,，2014，15(1):1929-1958.

[40] 余伟豪，李忠，安建琴，等. 深度学习框架和加速技术探讨[J]. 软件，2017，38(6):79-82.

[41] Wes Mckinney. 利用 Python 进行数据分析[J]. 北京：机械工业出版社，2018.

